16	3	2	13
5	10	11	8
9	6	7	12
4	15	14	1

CASA GUILHERME DE ALMEIDA

A publicação deste livro contou com a colaboração da Casa Guilherme de Almeida, São Paulo.

Guilherme de Almeida

FLORES DAS *FLORES DO MAL* DE BAUDELAIRE

Ilustrações de Henri Matisse
Apresentação de Manuel Bandeira
Posfácio de Marcelo Tápia
Edição bilíngue

editora 34

EDITORA 34

Editora 34 Ltda.
Rua Hungria, 592 Jardim Europa CEP 01455-000
São Paulo - SP Brasil Tel/Fax (11) 3811-6777 www.editora34.com.br

Ilustrações:
Henri Matisse, desenhos para a edição ilustrada de Les Fleurs du mal, *de Charles Baudelaire, Paris, La Bibliothèque Française, 1947*

Capa, projeto gráfico e editoração eletrônica:
Bracher & Malta Produção Gráfica

Revisão:
Cide Piquet, Mell Brites

1ª Edição - 1944 (José Olympio), 2ª Edição - 1965 (Edições de Ouro),
3ª Edição - 2010 (2ª Reimpressão - 2020)

CIP - Brasil. Catalogação-na-Fonte
(Sindicato Nacional dos Editores de Livros, RJ, Brasil)

Almeida, Guilherme de, 1890-1969
A339f Flores das *Flores do mal* de Baudelaire / tradução e notas de Guilherme de Almeida; ilustrações de Henri Matisse; apresentação de Manuel Bandeira; posfácio de Marcelo Tápia; edição bilíngue — São Paulo: Editora 34, 2010 (3ª Edição).
144 p.

ISBN 978-85-7326-444-9

1. Poesia francesa - Século XIX.
I. Baudelaire, Charles, 1821-1867. II. Matisse, Henri, 1869-1954. III. Bandeira, Manuel, 1886-1968. IV. Tápia, Marcelo. V. Título.

CDD - 841

FLORES DAS *FLORES DO MAL* DE BAUDELAIRE

Nota à presente edição

As famosas traduções de Guilherme de Almeida (1890--1969) para os poemas de Baudelaire foram primeiramente reunidas no volume *Flores das "Flores do mal" de Charles Baudelaire*, editado pela Livraria José Olympio em 1944, juntamente com as notas em que o poeta modernista paulistano comenta o trabalho de recriação de cada um dos 21 poemas escolhidos.

O presente volume incorpora o texto de apresentação escrito por Manuel Bandeira para a edição de bolso lançada em 1965 pela Edições de Ouro, algumas das ilustrações que Henri Matisse realizou para uma seleção de poemas de *Les Fleurs du mal*, publicada na França em 1947, e um posfácio de Marcelo Tápia, poeta, tradutor e diretor da Casa Guilherme de Almeida, que colaborou nesta edição.

A grafia foi atualizada segundo o novo Acordo Ortográfico da Língua Portuguesa, mantendo-se porém a grafia original nos casos em que a mudança pudesse comprometer recursos poéticos e efeitos estilísticos (sobretudo rimas e assonâncias) visados pelo tradutor.

Apresentação

Manuel Bandeira

Charles Baudelaire (1821-1867) teve a infelicidade de perder o pai aos seis anos e nunca se ter entendido com o padrasto, o que resultou na separação de sua mãe. Além disso sofreu da família a hostilidade à sua vocação literária; queriam destiná-lo ao comércio e o embarcaram para o Oriente. Em meio da viagem, porém, o poeta se revolta e regressa à Europa, indo viver só em Paris, levando vida difícil não só pela falta de recursos como pela saúde, sempre precária. Mas logo se tornou notado de uma elite tanto pelos poemas como pelas críticas de arte plástica. Théophile Gautier, sua grande admiração, a quem dedicou o seu livro *Les Fleurs du mal* nestas palavras: "Ao poeta impecável, ao perfeito mágico em letras francesas, ao meu caríssimo e veneradíssimo mestre e amigo Théophile Gautier, com os sentimentos da mais profunda humildade dedico estas flores doentias", assim o retrata em longo *panegírico* escrito em 1868, um ano depois de falecido o poeta:

> "Tinha os cabelos cortados rentes e do mais belo negro; esses cabelos, fazendo pontas regulares na testa de cintilante brancura, cobriam-lhe a cabeça como uma espécie de capacete sarraceno; os olhos, cor de tabaco de Espanha, tinham um olhar espiritual, profundo e de uma penetração talvez um pouco insistente; quanto à boca, provida de dentes branquíssimos, abrigava, sob um leve e sedoso bigode a contorná-la superiormente, sinuosida-

des móveis, voluptuosas e irônicas como os lábios das figuras pintadas por Leonardo da Vinci; o nariz, fino e delicado, um pouco arredondado, de narinas palpitantes, parecia farejar perfumes longínquos; uma covinha vigorosa acentuava-lhe o queixo como a demão final do estatuário; as faces, cuidadosamente barbeadas, contrastavam, pelo azulado que aveludava o pó-de-arroz, com os matizes vermelhos das maçãs; o pescoço, de uma elegância e de uma alvura femininas, destacava-se do colarinho deitado da camisa e da gravata estreita de tecido indiano de quadradinhos. Sua vestimenta consistia de um paletó de fazenda preta lustrada e brilhante, calças cor de avelã, meias brancas e escarpins de verniz, tudo meticulosamente limpo e correto, com um cunho intencional de simplicidade inglesa como querendo separar-se do gênero artista de chapéus de feltro mole, vestes de veludo, casacos vermelhos, barba prolixa e cabeleira despenteada. Mais tarde raspou mesmo o bigode, achando que era ainda um resto do velho *chic* pitoresco que julgava pueril e burguês conservar. Seus gestos eram lentos, raros e sóbrios, falava pouco, medindo as frases, mas pondo na voz itálicos e maiúsculas iniciais. Seu ar, muito simples, muito natural, e perfeitamente desprendido, como se estivesse dizendo um lugar-comum à Prudhomme sobre a beleza ou o rigor da temperatura, emitia algum axioma satanicamente monstruoso ou sustentava com sangue-frio glacial alguma teoria de uma extravagância matemática, pois aplicava um método rigoroso no desenvolvimento de suas loucuras."

Grande se tornou logo a reputação de Baudelaire entre os jovens poetas que tinham como mestres aqueles a quem chamavam os Tetrarcas: Gautier, Leconte de Lisle, Theódore de Banville e o próprio Baudelaire. Mas neste havia alguma coisa a mais do que nos outros três: havia o que Victor Hugo assinalou como um "*frisson nouveau*" ("frêmito novo"), e por essa e outras novidades da poesia de Baudelaire ficou ela como um marco, o marco inicial da poesia moderna.

Não obstante o "*frisson nouveau*", era ainda bem sensível no fundo da poesia de Baudelaire o mal romântico, o famoso "mal do século", aquele tédio dos inadaptados à realidade quotidiana, aquele vago nostálgico da alma que se consome em desejos estéreis. Por causa do título *Les Fleurs du mal*, porque nos seus poemas falasse muito de Satã, de vinho e dos paraísos artificiais que se encontram nos entorpecentes, foi o poeta mal compreendido e até processado e condenado a uma multa de trezentos francos: consideraram-no imoral e ofensor da religião. No entanto, a uma análise mais atenta, a sua obra se revela profundamente cristã. Somente, o que distingue o seu cristianismo do de Lamartine e outros românticos, é que este era, como advertiu Thibaudet, um cristianismo sem consciência do pecado original, ao passo que o de Baudelaire está intimamente penetrado desta noção. Como viria a dizer o nosso Murilo Mendes, o poeta das *Flores do mal* se sentia de Deus tanto na boa ação quanto no pecado, e talvez mais no pecado.

A obra poética de Baudelaire se caracteriza pela inteligência crítica do destino humano e do seu próprio destino, pelo sentimento agudo da vida moderna, da vida da Paris do seu tempo.

Poetas como Racine, Baudelaire, Mallarmé são dificílimos de traduzir. Quando Thiers Martins Moreira era diretor do Serviço Nacional de Teatro pediu-me que traduzisse a *Phèdre* de Racine. Não anuí. Ele insistiu, insistiu. Afinal me safei com esta: "Thiers, se você traduzir ou encontrar alguém que traduza este verso da *Phèdre*: '*Le jour n'est pas plus pur que le fond de mon cœur*', eu prometo traduzir o resto". E expliquei: "Esse verso é um diamante; eu não sei traduzir diamantes". A poesia de Baudelaire, como a de Racine, como a de Mallarmé, está cheia de diamantes. Mas Guilherme de Almeida sabe traduzir até diamantes. Ele não gosta das expressões "tradução", "versão". Conta que os versos que passou para a nossa língua sempre os soube de cor e à força de dizê-los e redizê-los, citá-los e recitá-los, acabou por se surpreender ouvindo-os de si mesmo, na sua língua mesma. Os vinte e um poemas de Baudelaire que estão neste volume são para Guilherme de Almeida "as flores das *Flores do mal*"; os que ele sempre soube de cor e acabou "ouvindo-os na sua língua mesma". Língua que ele conhece tão bem, em todas as épocas, que pôde realizar o *tour de force* de trasladar ao português dos trovadores medievais uma balada, a mais bela balada, de Villon. Estas *Flores das "Flores do mal" de Baudelaire* são outros tantos *tours de force*. Ninguém entre nós ou em Portugal se sairia melhor da perigosa empresa.

Rio de Janeiro, 5 de julho de 1965

À DOCE DONA DOS MEUS LÁBIOS
SENHORA DE TODAS AS MINHAS PALAVRAS
E POIS DE TODOS OS MEUS SENTIMENTOS
E PENSAMENTOS
À QUE É MINHA RAINHA E ESCRAVA
— RAINHA QUE AMO E ESCRAVA QUE CASTIGO —
À BELA E RUDE

LÍNGUA PORTUGUESA

COM HUMILDADE E ORGULHO
DEDICO
ESTAS DOENTIAS FLORES ALHEIAS QUE TENTEI FAZER SUAS

Guilherme de Almeida

FLORES DAS
FLORES DO MAL
DE BAUDELAIRE

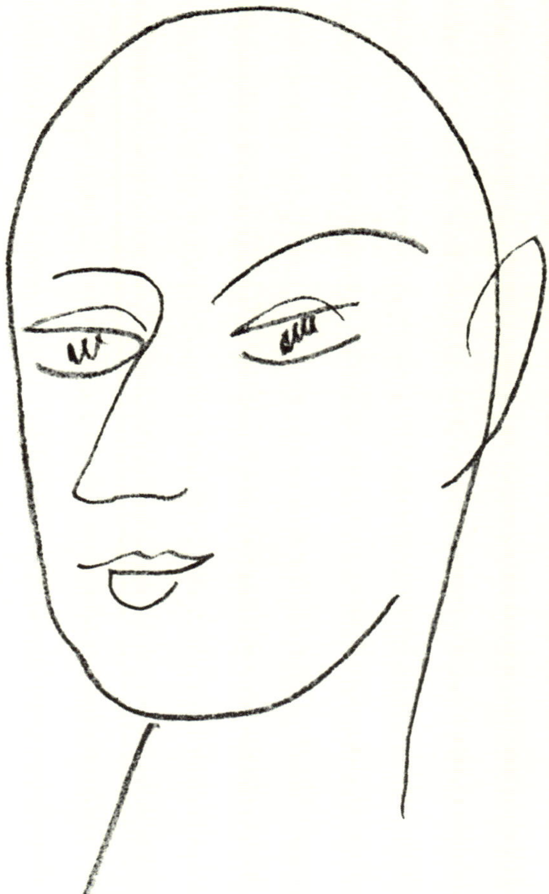

Bénédiction

Lorsque, par un décret des puissances suprêmes,
Le Poète apparaît en ce monde ennuyé,
Sa mère épouvantée et pleine de blasphèmes
Crispe ses poings vers Dieu, qui la prend en pitié:

— "Ah! que n'ai-je mis bas tout un nœud de vipères,
Plutôt que de nourrir cette dérision!
Maudite soit la nuit aux plaisirs éphémères
Où mon ventre a conçu mon expiation!

Puisque tu m'as choisie entre toutes les femmes
Pour être le dégoût de mon triste mari,
Et que je ne puis pas rejeter dans les flammes,
Comme un billet d'amour, ce monstre rabougri,

Je ferai rejaillir ta haine qui m'accable
Sur l'instrument maudit de tes méchancetés,
Et je tordrai si bien cet arbre misérable,
Qu'il ne pourra pousser ses boutons empestés!"

Elle ravale ainsi l'écume de sa haine,
Et, ne comprenant pas les desseins éternels,
Elle-même prépare au fond de la Géhenne
Les bûchers consacrés aux crimes maternels.

Bendição

Quando, por uma lei das supremas potências,
O Poeta surge aqui neste mundo enfadado,
Sua mãe a verter blasfêmias e insolências
Crispa as mãos contra Deus, que a contempla apiedado:

— "Ah! tivesse eu gerado um rolo de serpentes,
Em vez de alimentar esta irrisão comigo!
Mal haja a noite em que, nos gozos inconscientes,
Meu ventre concebeu o meu próprio castigo!

"Já que entre todas as mulheres fui eleita
Para ser a abjeção de um desolado esposo,
E não posso queimar, como ao fogo se deita
Um bilhete de amor, este aleijão monstruoso,

"Eu farei recair teu ódio, que me esmaga,
Sobre o instrumento vil do teu rancor cruento,
E tão bem torcerei a árvore má, que a praga
Não lhe permitirá deitar um só rebento!"

Engole a espuma, então, do seu ódio e, atordoada,
Sem poder compreender os desígnios eternos,
Ela mesma prepara a fogueira votada
Aos crimes maternais no fundo dos Infernos.

Pourtant, sous la tutelle invisible d'un Ange,
L'Enfant déshérité s'enivre de soleil,
Et dans tout ce qu'il boit et dans tout ce qu'il mange
Retrouve l'ambroisie et le nectar vermeil.

Il joue avec le vent, cause avec le nuage,
Et s'enivre en chantant du chemin de la croix;
Et l'Esprit qui le suit dans son pèlerinage
Pleure de le voir gai comme un oiseau des bois.

Tous ceux qu'il veut aimer l'observent avec crainte,
Ou bien, s'enhardissant de sa tranquillité,
Cherchent à qui saura lui tirer une plainte,
Et font sur lui l'essai de leur férocité.

Dans le pain et le vin destinés à sa bouche
Ils mêlent de la cendre avec d'impurs crachats;
Avec hypocrisie ils jettent ce qu'il touche,
Et s'accusent d'avoir mis leurs pieds dans ses pas.

Sa femme va criant sur les places publiques:
"Puisqu'il me trouve assez belle pour m'adorer,
Je ferai le métier des idoles antiques,
Et comme elles je veux me faire redorer;

Et je me soûlerai de nard, d'encens, de myrrhe,
De génuflexions, de viandes et de vins,
Pour savoir si je puis dans un cœur qui m'admire
Usurper en riant les hommages divins!

Et, quand je m'ennuierai de ces farces impies,
Je poserai sur lui ma frêle et forte main;
Et mes ongles, pareils aux ongles des harpies,
Sauront jusqu'à son cœur se frayer un chemin.

Sob a guarda, porém, de um Anjo transparente,
Embriaga-se de sol o Filho deserdado,
E em tudo quanto come e quanto bebe sente
Um gosto de ambrosia e néctar encarnado.

Fala à nuvem do céu, brinca com a ventania
E faz da Via-Sacra um caminho de festa;
E o Espírito que o segue em sua romaria
Chora ao vê-lo feliz como ave da floresta.

Os que ele quer amar olham-no com receio,
Ou, confiando demais na sua amenidade,
Empenham-se em tirar-lhe um queixume do seio,
E experimentam nele a sua atrocidade.

Hipócritas, no vinho e no pão que o alimentam
Eles misturam cinza a impuras cusparadas;
Rejeitam tudo o que ele toca, e se lamentam
Por ter sujado os pés seguindo-lhe as pegadas.

Sua mulher percorre as ruas exclamando:
— "Se ele acha que sou bela e quer idolatrar-me,
Eu serei como os velhos ídolos, e quando
Me aprouver saberei fazê-lo redoirar-me;

"E eu me embebedarei de mirra, incenso e nardo,
E de genuflexões e viandas e licores,
Para ver se no seu coração ainda guardo
O poder de usurpar os divinos louvores!

"E, quando eu me fartar dessas ímpias orgias,
Sobre ele poisarei a mão forte e delgada;
E as minhas unhas, como as unhas das harpias,
Hão de saber rasgar no seu peito uma entrada.

Comme un tout jeune oiseau qui tremble et qui palpite,
J'arracherai ce cœur tout rouge de son sein,
Et, pour rassasier ma bête favorite
Je le lui jetterai par terre avec dédain!"

Vers le Ciel, où son œil voit un trône splendide,
Le Poète serein lève ses bras pieux,
Et les vastes éclairs de son esprit lucide
Lui dérobent l'aspect des peuples furieux:

— "Soyez béni, mon Dieu, qui donnez la souffrance
Comme un divin remède à nos impuretés,
Et comme la meilleure et la plus pure essence
Qui prépare les forts aux saintes voluptés!

Je sais que vous gardez une place au Poète
Dans les rangs bienheureux des saintes Légions,
Et que vous l'invitez à l'éternelle fête
Des Trônes, des Vertus, des Dominations.

Je sais que la douleur est la noblesse unique
Où ne mordront jamais la terre et les enfers,
Et qu'il faut pour tresser ma couronne mystique
Imposer tous les temps et tous les univers.

Mais les bijoux perdus de l'antique Palmyre,
Les métaux inconnus, les perles de la mer,
Par votre main montés, ne pourraient pas suffire
A ce beau diadème éblouissant et clair;

Car il ne sera fait que de pure lumière,
Puisée au foyer saint des rayons primitifs,
Et dont les yeux mortels, dans leur splendeur entière,
Ne sont que des miroirs obscurcis et plaintifs!"

“Como ave nova que estremece e que palpita,
Arrancar-lhe-ei do seio o coração aceso,
E, dando-o de comer à fera favorita,
Hei de lançá-lo ao chão com todo o meu desprezo!”

Para o Céu, em que avista um trono refulgente,
O Poeta ergue, sereno, as suas mãos piedosas,
E os imensos clarões da sua alma de vidente
Ofuscam-lhe a visão das multidões furiosas:

— “Bendito vós, meu Deus, que dais o sofrimento
Como um filtro divino às nossas imundícias,
E também o melhor e mais puro alimento
Que aos fortes predispõe para as santas delícias!

“Eu sei que reservais um lugar para o Poeta
Nas bem-aventuradas filas das Legiões,
E sempre o convidais para a festa secreta
Dos Tronos, das Virtudes, das Dominações.

“Eu sei também que a dor é a nobreza suprema
Sempre vedada à terra e aos infernos adversos,
E que para tecer meu místico diadema
Fora mister impor os tempos e universos.

“Mas as joias fatais da secular Palmira,
Inéditos metais, ou pérolas do oceano,
Encastoados por vós, nem isso conseguira
Compor esse diadema ardente e soberano;

“Porque ele só da luz mais pura será feito,
Vinda do santo lar dos raios primitivos,
De que os olhos mortais, no seu fulgor perfeito,
Não são mais do que espelhos tristes, negativos!”

L'albatros

Souvent, pour s'amuser, les hommes d'équipage
Prennent des albatros, vastes oiseaux des mers,
Qui suivent, indolents compagnons de voyage,
Le navire glissant sur les gouffres amers.

À peine les ont-ils déposés sur les planches,
Que ces rois de l'azur, maladroits et honteux,
Laissent piteusement leurs grandes ailes blanches
Comme des avirons traîner à côté d'eux.

Ce voyageur ailé, comme il est gauche et veule!
Lui, naguère si beau, qu'il est comique et laid!
L'un agace son bec avec un brûle-gueule,
L'autre mime, en boitant, l'infirme qui volait!

Le Poète est semblable au prince des nuées
Qui hante la tempête et se rit de l'archer;
Exilé sur le sol au milieu des huées,
Ses ailes de géant l'empêchent de marcher.

O albatroz

Às vezes, por prazer, os homens de equipagem
Pegam um albatroz, enorme ave marinha,
Que segue, companheiro indolente de viagem,
O navio que sobre os abismos caminha.

Mal o põem no convés por sobre as pranchas rasas,
Esse senhor do azul, sem jeito e envergonhado,
Deixa doridamente as grandes e alvas asas
Como remos cair e arrastar-se a seu lado.

Que sem graça é o viajor alado sem seu nimbo!
Ave tão bela, como está cômica e feia!
Um o irrita chegando ao seu bico um cachimbo,
Outro põe-se a imitar o enfermo que coxeia!

O Poeta é semelhante ao príncipe da altura
Que busca a tempestade e ri da flecha no ar;
Exilado no chão, em meio à corja impura,
As asas de gigante impedem-no de andar.

La vie antérieure

J'ai longtemps habité sous de vastes portiques
Que les soleils marins teignaient de mille feux,
Et que leurs grands piliers, droits et majestueux,
Rendaient pareils, le soir, aux grottes basaltiques.

Les houles, en roulant les images des cieux,
Mêlaient d'une façon solennelle et mystique
Les tout-puissants accords de leur riche musique
Aux couleurs du couchant reflété par mes yeux.

C'est là que j'ai vécu dans les voluptés calmes,
Au milieu de l'azur, des vagues, des splendeurs
Et des esclaves nus, tout imprégnés d'odeurs,

Qui me rafraîchissaient le front avec des palmes,
Et dont l'unique soin était d'approfondir
Le secret douloureux qui me faisait languir.

A vida anterior

Muito tempo habitei sob pórticos altos
Que ardendo aos sóis do mar em fogos caprichosos,
Com seus grandes pilares retos, majestosos,
Tinham, de noite, um ar de grutas de basaltos.

As ondas, refletindo os céus imaginosos,
Iam, solenemente, em místicos assaltos
Misturando os acordes ricos dos seus saltos
Às tintas do sol-poente em meus olhos ociosos.

Foi aí que vivi nas volúpias mais calmas,
Circundado de azul, de vagas, de esplendores,
De escravos todos nus, impregnados de odores,

Refrescando-me a fronte ao embalo das palmas,
E cujo único intento era o de aprofundar
O mal que me fazia aos poucos definhar.

La Beauté

Je suis belle, ô mortels! comme un rêve de pierre,
Et mon sein, où chacun s'est meurtri tour à tour,
Est fait pour inspirer au poète un amour
Eternel et muet ainsi que la matière.

Je trône dans l'azur comme un sphinx incompris;
J'unis un cœur de neige à la blancheur des cygnes;
Je hais le mouvement qui déplace les lignes,
Et jamais je ne pleure et jamais je ne ris.

Les poètes, devant mes grandes attitudes,
Que j'ai l'air d'emprunter aux plus fiers monuments,
Consumeront leurs jours en d'austères études;

Car j'ai, pour fasciner ces dociles amants,
Des purs miroirs qui font toutes choses plus belles:
Mes yeux, mes larges yeux aux clartés éternelles!

A Beleza

Sou mais bela, ó mortais! que um sonho de granito,
E meu seio, onde vem cada um gemer de dor,
Foi feito para ao poeta inspirar um amor
Semelhante à matéria, isto é, mudo e infinito.

Reino no azul como uma esfinge singular;
Meu coração é neve e ao mesmo tempo arminho;
Odeio o que se move e faz o desalinho,
E não sei o que é rir, nem sei o que é chorar.

Os poetas, ante as minhas grandes atitudes,
Que aos monumentos mais altivos emprestei,
Consumirão o ser nos estudos mais rudes;

Pois para esses servis amantes reservei
Um puro espelho em que é mais bela a realidade:
Meu olhar, largo olhar de eterna claridade!

Hymne à la Beauté

Viens-tu du ciel profond ou sors-tu de l'abîme,
Ô Beauté? Ton regard, infernal et divin,
Verse confusément le bienfait et le crime,
Et l'on peut pour cela te comparer au vin.

Tu contiens dans ton œil le couchant et l'aurore;
Tu répands des parfums comme un soir orageux;
Tes baisers sont un philtre et ta bouche une amphore
Qui font le héros lâche et l'enfant courageux.

Sors-tu du gouffre noir ou descends-tu des astres?
Le Destin charmé suit tes jupons comme un chien;
Tu sèmes au hasard la joie et les désastres,
Et tu gouvernes tout et ne réponds de rien.

Tu marches sur des morts, Beauté, dont tu te moques;
De tes bijoux l'Horreur n'est pas le moins charmant,
Et le Meurtre, parmi tes plus chères breloques,
Sur ton ventre orgueilleux danse amoureusement.

L'éphémère ébloui vole vers toi, chandelle,
Crépite, flambe et dit: Bénissons ce flambeau!
L'amoureux pantelant incliné sur sa belle
A l'air d'un moribond caressant son tombeau.

Hino à Beleza

Vens do fundo do céu ou do abismo, ó sublime
Beleza? Teu olhar, que é divino e infernal,
Verte confusamente o benefício e o crime,
E por isso se diz que do vinho és rival.

Em teus olhos reténs uma aurora e um ocaso;
Tens mais perfumes que uma noite tempestuosa;
Teus beijos são um filtro e tua boca um vaso
Que tornam fraco o herói e a criança corajosa.

Sobes do abismo negro ou despencas de um astro?
O Destino servil te segue como um cão;
Semeias a desgraça e o prazer no teu rastro;
Governas tudo e vais sem dar satisfação.

Calcando mortos vais, Beleza, entre remoques;
No teu tesoiro o Horror é uma joia atraente,
E o Assassínio, entre os teus mais preciosos berloques,
Sobre o teu ventre real dança amorosamente.

A mariposa voando ao teu encontro, ó vela,
"Bendito este clarão!" diz antes que sucumba.
O namorado arfante enleiando a sua bela
Parece um moribundo acariciando a tumba.

Que tu viennes du ciel ou de l'enfer, qu'importe,
Ô Beauté! monstre énorme, effrayant, ingénu!
Si ton œil, ton souris, ton pied, m'ouvrent la porte
D'un Infini que j'aime et n'ai jamais connu?

De Satan ou de Dieu, qu'importe? Ange ou Sirène,
Qu'importe, si tu rends, — fée aux yeux de velours,
Rhythme, parfum, lueur, ô mon unique reine! —
L'univers moins hideux et les instants moins lourds?

Que tu venhas do céu ou do inferno, que importa,
Beleza! monstro horrendo e ingênuo! se de ti
Vêm o olhar, o sorriso, os pés, que abrem a porta
De um Infinito que amo e jamais conheci?

De Satã ou de Deus, que importa? Anjo ou Sereia,
Se é capaz de tornar — fada dos olhos leves,
Ritmo, perfume, luz! — a vida menos feia,
Menos triste o universo e os instantes mais breves?

Parfum exotique

Quand, les deux yeux fermés, en un soir chaud d'automne,
Je respire l'odeur de ton sein chaleureux,
Je vois se dérouler des rivages heureux
Qu'éblouissent les feux d'un soleil monotone;

Une île paresseuse où la nature donne
Des arbres singuliers et des fruits savoureux;
Des hommes dont le corps est mince et vigoureux,
Et des femmes dont l'œil par sa franchise étonne.

Guidé par ton odeur vers de charmants climats,
Je vois un port rempli de voiles et de mâts
Encor tout fatigués par la vague marine,

Pendant que le parfum des verts tamariniers,
Qui circule dans l'air et m'enfle la narine,
Se mêle dans mon âme au chant des mariniers.

Perfume exótico

De olhos fechados, quando, alta noite, no outono,
Respiro o cheiro bom dos teus seios fogosos,
Vejo entreabrir-se além cenários deleitosos
Cintilando ao ardor de um sol morno de sono:

Uma ilha preguiçosa e molenga e sem dono
Em que há árvores ideais e frutos saborosos;
Homens de corpos nus, finos e vigorosos,
Mulheres cujo olhar tem franqueza e abandono.

Guiado por teu perfume às paragens mais belas,
Vejo um porto a arquejar de mastros e de velas
Ainda tontos talvez da vaga alta que ondula,

Enquanto um verde aroma — o dos tamarineiros —,
Que passeia pelo ar e que aspiro com gula,
Se mistura em minha alma à voz dos marinheiros.

La chevelure

Ô toison, moutonnant jusque sur l'encolure!
Ô boucles! Ô parfum chargé de nonchaloir!
Extase! Pour peupler ce soir l'alcôve obscure
Des souvenirs dormant dans cette chevelure,
Je la veux agiter dans l'air comme un mouchoir!

La langoureuse Asie et la brûlante Afrique,
Tout un monde lointain, absent, presque défunt,
Vit dans tes profondeurs, forêt aromatique!
Comme d'autres esprits voguent sur la musique,
Le mien, ô mon amour! nage sur ton parfum.

J'irai là-bas où l'arbre et l'homme, pleins de sève,
Se pâment longuement sous l'ardeur des climats;
Fortes tresses, soyez la houle qui m'enlève!
Tu contiens, mer d'ébène, un éblouissant rêve
De voiles, de rameurs, de flammes et de mâts:

Un port retentissant où mon âme peut boire
À grands flots le parfum, le son et la couleur;
Où les vaisseaux, glissant dans l'or et dans la moire,
Ouvrent leurs vastes bras pour embrasser la gloire
D'un ciel pur où frémit l'éternelle chaleur.

A cabeleira

Ó tosão, ondulando até a nuca trigueira!
Ó cachos! Ó perfume onde anda um ócio imenso!
Êxtase! Para encher, de noite, a alcova inteira
Das lembranças que dormem nessa cabeleira,
Quero agitá-la no ar como se agita um lenço!

Uma Ásia langorosa e uma África escaldante,
Todo um mundo longínquo, ausente, quase morto
Vive dentro de ti, floresta trescalante!
Se na música o sonho de outros voga errante,
O meu no teu perfume, ó amor! vagueia absorto.

Irei lá longe onde a árvore e o homem, febrilmente,
Têm longas prostrações sob a ardência dos céus;
Tranças, sede a onda que me leva molemente!
Mar de ébano, conténs um sonho resplendente
De remadores, naus, flâmulas, mastaréus:

Um porto ressonante onde a alma vai provando
A grandes goles o perfume, o som, a cor;
E as naus, no chamalote e no oiro deslizando,
Abrem na luz os vastos braços abraçando
Um céu puro onde vibra o imutável calor.

Je plongerai ma tête amoureuse d'ivresse
Dans ce noir océan où l'autre est enfermé;
Et mon esprit subtil que le roulis caresse
Saura vous retrouver, ô féconde paresse,
Infinis bercements du loisir embaumé!

Cheveux bleus, pavillon de ténèbres tendues,
Vous me rendez l'azur du ciel immense et rond;
Sur les bords duvetés de vos mèches tordues
Je m'enivre ardemment des senteurs confondues
De l'huile de coco, du musc et du goudron.

Longtemps! toujours! ma main dans ta crinière lourde
Sèmera le rubis, la perle et le saphir,
Afin qu'à mon désir tu ne sois jamais sourde!
N'est-tu pas l'oasis où je rêve, et la gourde
Où je hume à longs traits le vin du souvenir?

Mergulharei a fronte amorosa, ébria e rude
Nesse oceano sombrio em que o outro está fechado;
E minha alma sutil que a onda acalenta e ilude
Há de encontrar-vos, ó fecunda lassitude,
Ó infindo balouçar do lazer perfumado!

Cabelos, pavilhão de trevas estendidas,
Mostrais-me um céu de uma redonda imensidão;
No felpudo debrum dessas mechas torcidas
Embriago-me a valer de essências confundidas
De um vago óleo de coco, almíscar e alcatrão.

Por muito tempo! sempre! em teus cachos semeio
A pérola, a safira, o rubim, à vontade,
Para que ao meu desejo o teu não seja alheio!
Não és o oásis feliz onde eu sonho, e o odre cheio
Onde a amplos haustos sorvo o vinho da saudade?

Une charogne

Rappelez-vous l'objet que nous vîmes, mon âme,
Ce beau matin d'été si doux:
Au détour d'un sentier une charogne infâme
Sur un lit semé de cailloux,

Les jambes en l'air, comme une femme lubrique,
Brûlante et suant les poisons,
Ouvrait d'une façon nonchalante et cynique
Son ventre plein d'exhalaisons.

Le soleil rayonnait sur cette pourriture,
Comme afin de la cuire à point,
Et de rendre au centuple à la grande Nature
Tout ce qu'ensemble elle avait joint;

Et le ciel regardait la carcasse superbe
Comme une fleur s'épanouir.
La puanteur était si forte, que sur l'herbe
Vous crûtes vous évanouir.

Les mouches bourdonnaient sur ce ventre putride,
D'où sortaient de noirs bataillons
De larves, qui coulaient comme un épais liquide
Le long de ces vivants haillons.

Uma carniça

Recorda o objeto vil que vimos, numa quieta,
Linda manhã de doce estio:
Na curva de um caminho uma carniça abjeta
Sobre um leito pedrento e frio,

As pernas para o ar, como uma mulher lasciva,
Entre letais transpirações,
Abria de maneira lânguida e ostensiva
Seu ventre a estuar de exalações.

Reverberava o sol sobre aquela torpeza,
Para cozê-la a ponto, e para,
Centuplicado, devolver à Natureza
Tudo quanto ela ali juntara.

E o céu olhava do alto a soberba carcaça
Como uma flor se oferecer;
Tão forte era o fedor que sobre a relva crassa
Pensaste até desfalecer.

Zumbiam moscas sobre esse pútrido ventre,
De onde em bandos negros e esquivos
Larvas se escoavam como um grosso líquido entre
Esses trapos de carne, vivos.

Tout cela descendait, montait comme une vague,
Ou s'élançait en pétillant;
On eût dit que le corps, enflé d'un souffle vague,
Vivait en se multipliant.

Et ce monde rendait une étrange musique,
Comme l'eau courante et le vent,
Ou le grain qu'un vanneur d'un mouvement rhythmique
Agite et tourne dans son van.

Les formes s'effaçaient et n'étaient plus qu'un rêve,
Une ébauche lente à venir
Sur la toile oubliée, et que l'artiste achève
Seulement par le souvenir.

Derrière les rochers une chienne inquiète
Nous regardait d'un œil fâché,
Épiant le moment de reprendre au squelette
Le morceau qu'elle avait lâché.

— Et pourtant vous serez semblable à cette ordure,
À cette horrible infection,
Étoile de mes yeux, soleil de ma nature,
Vous, mon ange et ma passion!

Oui! telle vous serez, ô la reine des grâces,
Après les derniers sacrements,
Quand vous irez, sous l'herbe et les floraisons grasses,
Moisir parmi les ossements.

Alors, ô ma beauté! dites à la vermine
Qui vous mangera de baisers,
Que j'ai gardé la forme et l'essence divine
De mes amours décomposés!

Isso tudo ia e vinha, assim como uma vaga,
    Ou se espalhava a borbulhar;
Dir-se-ia que esse corpo, a uma bafagem vaga,
    Vivia a se multiplicar.

E esse mundo fazia a música esquisita
    Do vento, ou então da água corrente,
Ou do grão que, mexendo, o joeirador agita
    Na joeira, cadenciadamente.

As formas eram já mera ilusão da vista,
    Um debuxo que custa a vir,
Sobre a tela esquecida, e que mais tarde o artista
    Só de cor consegue concluir.

Entre as rochas, inquieta, uma pobre cadela
    Fixava em nós o olhar zangado,
À espera de poder ir retomar àquela
    Carcaça pobre o seu bocado.

— E no entanto hás de ser igual a esse monturo,
    Igual a esse infeccioso horror,
Astro do meu olhar, sol do meu ser obscuro,
    Tu, meu anjo, tu, meu amor!

Sim! tal serás um dia, ó tu, toda graciosa,
    Quando, ungida e sacramentada,
Tu fores sob a relva e a floração viçosa
    Mofar junto a qualquer ossada.

Dize então, ó beleza! aos vermes roedores
    Que de beijos te comerão,
Que eu guardo a forma e a essência ideal dos meus amores
    Em plena decomposição!

Remords posthume

Lorsque tu dormiras, ma belle ténébreuse,
Au fond d'un monument construit en marbre noir,
Et lorsque tu n'auras pour alcôve et manoir
Qu'un caveau pluvieux et qu'une fosse creuse;

Quand la pierre, opprimant ta poitrine peureuse
Et tes flancs qu'assouplit un charmant nonchaloir,
Empêchera ton cœur de battre et de vouloir,
Et tes pieds de courir leur course aventureuse,

Le tombeau, confident de mon rêve infini
(Car le tombeau toujours comprendra le poète),
Durant ces grandes nuits d'où le somme est banni,

Te dira: "Que vous sert, courtisane imparfaite,
De n'avoir pas connu ce que pleurent les morts?"
— Et le ver rongera ta peau comme un remords.

Remorso póstumo

Quando fores dormir, ó bela tenebrosa,
Num negro mausoléu de mármores, e não
Tiveres por alcova e morada senão
Uma fossa profunda e uma tumba chuvosa;

Quando a pedra, oprimindo essa carne medrosa
E esses flancos sensuais de morna lassidão,
Impedir de querer e arfar teu coração
E teus pés de seguir a trilha aventurosa,

O túmulo, que tem um confidente em mim
— Porque o túmulo sempre há de entender o poeta —,
Na insônia sepulcral dessas noites sem fim,

Dir-te-á: "De que serviu, cortesã incompleta,
Não ter tido o que em vão choram os mortos sós?"
— E o verme te roerá como um remorso atroz.

“Que diras-tu ce soir”

Que diras-tu ce soir, pauvre âme solitaire,
Que diras-tu, mon cœur, cœur autrefois flétri,
À la très belle, à la très bonne, à la très chère,
Dont le regard divin t’a soudain refleuri?

— Nous mettrons notre orgueil à chanter ses louanges:
Rien ne vaut la douceur de son autorité;
Sa chair spirituelle a le parfum des Anges,
Et son œil nous revêt d’un habit de clarté.

Que ce soit dans la nuit et dans la solitude,
Que ce soit dans la rue et dans la multitude,
Son fantôme dans l’air danse comme un flambeau.

Parfois il parle et dit: “Je suis belle, et j’ordonne
Que pour l’amour de moi vous n’aimiez que le Beau;
Je suis l’Ange gardien, la Muse et la Madone.”

“Hoje, que dirás tu”

Hoje, que dirás tu, pobre alma abandonada,
Que dirás, coração outrora murcho e triste,
À muito bela, à muito boa, à muito amada,
A cujo olhar divino agora refloriste?

— Faremos decantar-lhe os dons nossa arrogância:
Nada iguala o dulçor da sua autoridade;
À carne espiritual deu-lhe um Anjo a fragrância,
E seus olhos nos vêm vestir de claridade.

Seja dentro da noite em plena solitude,
Seja na rua em meio à turbamulta rude,
O seu fantasma no ar dança como uma flama.

Às vezes diz: “Sou bela, e ordeno como dona:
Pelo amor que me tens ao Belo apenas ama.
Sou Anjo tutelar, sou Musa e sou Madona.”

Le beau navire

Je veux te raconter, ô molle enchanteresse!
Les diverses beautés qui parent ta jeunesse;
Je veux te peindre ta beauté,
Où l'enfance s'allie à la maturité.

Quand tu vas balayant l'air de ta jupe large,
Tu fais l'effet d'un beau vaisseau qui prend le large,
Chargé de toile, et va roulant
Suivant un rhythme doux, et paresseux, et lent.

Sur ton cou large et rond, sur tes épaules grasses,
Ta tête se pavane avec d'étranges grâces;
D'un air placide et triomphant
Tu passes ton chemin, majestueuse enfant.

Je veux te raconter, ô molle enchanteresse!
Les diverses beautés qui parent ta jeunesse;
Je veux te peindre ta beauté,
Où l'enfance s'allie à la maturité.

Ta gorge qui s'avance et qui pousse la moire,
Ta gorge triomphante est une belle armoire
Dont les panneaux bombés et clairs
Comme les boucliers accrochent des éclairs;

A bela nau

Eu quero te contar, ó mole feiticeira,
Todo o esplendor que te orna a mocidade inteira;
　　Quero pintar tua beldade,
Em que há um misto de infância e de maturidade.

Quando vais bamboleando no ar a saia larga,
És tal e qual a nau quando ao mar-alto larga,
　　Cheia de pano, toda ao vento,
Seguindo um ritmo doce, e preguiçoso, e lento.

Sobre o colo roliço e sobre os ombros cheios,
Tua fronte se emproa em graciosos meneios;
　　Triunfante e ao mesmo tempo mansa
Tu passas por aí, majestosa criança.

Eu quero te contar, ó mole feiticeira,
Todo o esplendor que te orna a mocidade inteira;
　　Quero pintar tua beldade,
Em que há um misto de infância e de maturidade.

Teu busto furta-cor que investe, temerário,
Teu busto vitorioso é como um belo armário
　　Cujos claros caixões convexos
Como os broquéis retêm os raios e os reflexos;

Boucliers provoquants, armés de pointes roses!
Armoire à doux secrets, pleine de bonnes choses,
De vins, de parfums, de liqueurs
Qui feraient délirer les cerveaux et les cœurs!

Quand tu vas balayant l'air de ta jupe large,
Tu fais l'effet d'un beau vaisseau qui prend le large,
Chargé de toile, et va roulant
Suivant un rhythme doux, et paresseux, et lent.

Tes nobles jambes, sous les volants qu'elles chassent,
Tourmentent les désirs obscurs et les agacent,
Comme deux sorcières qui font
Tourner un philtre noir dans un vase profond.

Tes bras, qui se joueraient des précoces hercules,
Sont des boas luisants les solides émules,
Faits pour serrer obstinément,
Comme pour l'imprimer dans ton cœur, ton amant.

Sur ton cou large et rond, sur tes épaules grasses,
Ta tête se pavane avec d'étranges grâces;
D'un air placide et triomphant
Tu passes ton chemin, majestueuse enfant.

Provocantes broquéis de pontas cor-de-rosa!
Armário que contém tanta coisa preciosa:
        Vinhos, perfumes e licores
Que põem, nos corações e cérebros, torpores!

Quando vais bamboleando no ar a saia larga,
És tal e qual a nau quando ao mar-alto larga,
        Cheia de pano, toda ao vento,
Seguindo um ritmo doce, e preguiçoso, e lento.

As nobres pernas, sob os folhos que se agitam,
Atormentam os maus desejos e os irritam,
        Como duas bruxas mexendo
Numa funda retorta um amavio horrendo.

Teus braços desafiando os hércules valentes
São sólidos rivais das lustrosas serpentes,
        Feitos para o abraço possante,
Como para em teu seio imprimir teu amante.

Sobre o colo roliço e sobre os ombros cheios,
Tua fronte se emproa em graciosos meneios;
        Triunfante e ao mesmo tempo mansa
Tu passas por aí, majestosa criança.

L'invitation au voyage

Mon enfant, ma sœur,
Songe à la douceur
D'aller là-bas vivre ensemble!
Aimer à loisir,
Aimer et mourir
Au pays qui te ressemble!
Les soleils mouillés
De ces ciels brouillés
Pour mon esprit ont les charmes
Si mystérieux
De tes traîtres yeux,
Brillant à travers leurs larmes.

Là, tout n'est qu'ordre et beauté,
Luxe, calme et volupté.

Des meubles luisants,
Polis par les ans,
Décoreraient notre chambre;
Les plus rares fleurs
Mêlant leurs odeurs
Aux vagues senteurs de l'ambre,
Les riches plafonds,
Les miroirs profonds,
La splendeur orientale,
Tout y parlerait
À l'âme en secret
Sa douce langue natale.

O convite à viagem

Minha filha e irmã,
Pensa na manhã
Em que iremos longe, em viagem,
Amar a valer,
Amar e morrer
No país que é a tua imagem!
Os sóis, entre véus,
Desses turvos céus
Para mim têm todo o encanto
Cruel e singular
Do teu falso olhar
Brilhando através do pranto.

Lá, tudo é ordem, nitidez,
Luxo, calma e languidez.

Móveis lisos, ou
Que o tempo lustrou,
Decorariam o ambiente;
Cada rara flor
Misturando o olor
A um âmbar vago e envolvente;
Tetos colossais,
Profundos cristais,
Toda uma pompa excessiva,
Tudo isso a falar
À alma, a segredar
Na doce língua nativa.

Là, tout n'est qu'ordre et beauté,
Luxe, calme et volupté.

Vois sur ces canaux
Dormir ces vaisseaux
Dont l'humeur est vagabonde;
C'est pour assouvir
Ton moindre désir
Qu'ils viennent du bout du monde.
— Les soleils couchants
Revêtent les champs,
Les canaux, la ville entière,
D'hyacinthe et d'or;
Le monde s'endort
Dans une chaude lumière.

Là, tout n'est qu'ordre et beauté,
Luxe, calme et volupté.

Lá, tudo é ordem, nitidez,
Luxo, calma e languidez.

Pelos canais, vê
Esses barcos que
Têm um humor vagabundo;
É para poder
Te satisfazer
Que eles vêm do fim do mundo.
— Os poentes sensuais
Vestem os canais,
A cidade, o campo em torno,
De oiro e de lilás;
Dorme o mundo em paz
Num clarão macio e morno.

Lá, tudo é ordem, nitidez,
Luxo, calma e languidez.

Spleen

Pluviôse, irrité contre la ville entière,
De son urne à grands flots verse un froid ténébreux
Aux pâles habitants du voisin cimetière
Et la mortalité sur les faubourgs brumeux.

Mon chat sur le carreau cherchant une litière
Agite sans repos son corps maigre et galeux;
L'âme d'un vieux poète erre dans la gouttière
Avec la triste voix d'un fantôme frileux.

Le bourdon se lamente, et la bûche enfumée
Accompagne en fausset la pendule enrhumée,
Cependant qu'en un jeu plein de sales parfums,

Héritage fatal d'une vieille hydropique,
Le beau valet de cœur et la dame de pique
Causent sinistrement de leurs amours défunts.

Spleen

Pluviôse, contra toda a cidade irritado,
De sua urna despeja um frio tenebroso
Aos pálidos e sós do cemitério ao lado
E a mortandade a cada arrabalde brumoso.

Meu gato procurando cama no acolchoado
Agita sem cessar seu corpo de leproso;
A alma de um velho poeta erra pelo telhado
Com sua triste voz de fantasma chuvoso.

O bordão se lamenta, e, chiando, a acha de lenha
Acompanha em falsete a pêndula roufenha,
Enquanto num baralho, entre maus-cheiros juntos,

Herança de uma velha hidrópica, parente,
Uma dama e um valete vão, sinistramente,
Recordando entre si seus amores defuntos.

Spleen

J'ai plus de souvenirs que si j'avais mille ans.

Un gros meuble à tiroirs encombré de bilans,
De vers, de billets doux, de procès, de romances,
Avec de lourds cheveux roulés dans des quittances,
Cache moins de secrets que mon triste cerveau.
C'est une pyramide, un immense caveau,
Qui contient plus de morts que la fosse commune.

— Je suis un cimetière abhorré de la lune,
Où comme des remords se traînent de longs vers
Qui s'acharnent toujours sur mes morts les plus chers.
Je suis un vieux boudoir plein de roses fanées,
Où gît tout un fouillis de modes surannées,
Où les pastels plaintifs et les pâles Boucher,
Seuls, respirent l'odeur d'un flacon débouché.

Rien n'égale en longueur les boiteuses journées,
Quand sous les lourds flocons des neigeuses années
L'ennui, fruit de la morne incuriosité,
Prend les proportions de l'immortalité.
— Désormais tu n'es plus, ô matière vivante!
Qu'un granit entouré d'une vague épouvante,
Assoupi dans le fond d'un Sahara brumeux;
Un vieux sphynx ignoré du monde insoucieux,
Oublié sur la carte, et dont l'humeur farouche
Ne chante qu'aux rayons du soleil qui se couche.

Spleen

Lembro-me mais do que se eu tivesse mil anos.

Um grande contador cheio de antigos planos,
Versos, cartas de amor, autos, literaturas,
Um cacho de cabelo enrolado em faturas,
Não tem segredos como o meu cérebro inquieto.
É uma pirâmide, um jazigo amplo e repleto:
Não há fossa comum que mais mortos possua.

— Eu sou um cemitério odiado pela lua,
Onde, como remorsos maus, vermes compridos
Andam sempre a atacar meus mortos mais queridos.
Sou como um camarim em que há rosas fanadas,
Toda uma confusão de modas já passadas,
Gravuras de Boucher que ainda aspiram decerto
O perfume sutil de um velho frasco aberto.

Nada é igual ao torpor desses trôpegos dias,
Quando, ao peso das cãs de antigas invernias,
O tédio, a morna falta de curiosidade,
Assume as proporções da própria eternidade.
— Doravante hás de ser, matéria viva! o escombro
De um granito que causa em torno um vago assombro,
Perdido nos confins de um Saara brumoso!
Velha esfinge que o mundo ignora, descuidoso,
Esquecida no mapa, e de um feroz desgosto
Que só sabe cantar aos clarões do sol posto.

Spleen

Je suis comme le roi d'un pays pluvieux,
Riche, mais impuissant, jeune et pourtant très vieux,
Qui, de ses précepteurs méprisant les courbettes,
S'ennuie avec ses chiens comme avec d'autres bêtes.
Rien ne peut l'égayer, ni gibier, ni faucon,
Ni son peuple mourant en face du balcon.
Du bouffon favori la grotesque ballade
Ne distrait plus le front de ce cruel malade;
Son lit fleurdelisé se transforme en tombeau,
Et les dames d'atour, pour qui tout prince est beau,
Ne savent plus trouver d'impudique toilette
Pour tirer un souris de ce jeune squelette.
Le savant qui lui fait de l'or n'a jamais pu
De son être extirper l'élément corrompu,
Et dans ces bains de sang qui des Romains nous viennent,
Et dont sur leurs vieux jours les puissants se souviennent,
Il n'a su réchauffer ce cadavre hébété
Où coule au lieu de sang l'eau verte du Léthé.

Spleen

Sou como o pobre rei de algum país chuvoso,
Rico, mas incapaz, moço, e no entanto idoso,
Que as lisonjas dos preceptores desprezando,
Vai com seus animais, com seus cães se enfadando.
Nada o pode alegrar, nem caça, nem falcão,
Nem seu povo morrendo em frente do balcão.
Do jogral favorito a grotesca balada
Não mais lhe desenruga a fronte acabrunhada;
Todo flores-de-lis, é um mausoléu seu leito,
E as aias, que acham todo príncipe perfeito,
Já não sabem que traje impudico vestir
Para fazer esse esqueleto moço rir.
O sábio, que fabrica o seu oiro, em vão luta
Por lhe extirpar do ser a matéria corrupta,
E nem nos tais banhos de sangue dos Romanos,
De que se lembram na velhice os soberanos,
Conseguiu aquecer essa carcaça insulsa
Onde, em lugar de sangue, a água do Letes pulsa.

Spleen

Quand le ciel bas et lourd pèse comme un couvercle
Sur l'esprit gémissant en proie aux longs ennuis,
Et que de l'horizon embrassant tout le cercle
Il nous verse un jour noir plus triste que les nuits;

Quand la terre est changée en un cachot humide,
Où l'Espérance, comme une chauve-souris,
S'en va battant les murs de son aile timide
Et se cognant la tête à des plafonds pourris;

Quand la pluie étalant ses immenses traînées
D'une vaste prison imite les barreaux,
Et qu'un peuple muet d'infâmes araignées
Vient tendre ses filets au fond de nos cerveaux,

Des cloches tout à coup sautent avec furie
Et lancent vers le ciel un affreux hurlement,
Ainsi que des esprits errants et sans patrie
Qui se mettent à geindre opiniâtrement.

— Et de longs corbillards, sans tambours ni musique,
Défilent lentement dans mon âme; l'Espoir,
Vaincu, pleure, et l'Angoisse atroce, despotique,
Sur mon crâne incliné plante son drapeau noir.

Spleen

Quando o céu baixo e hostil pesa como uma tampa
Sobre a alma que, gemendo, ao tédio ainda resiste,
E, do horizonte todo enleiando a curva escampa,
Destila um dia escuro e mais que as noites triste;

Quando a terra se torna em úmida enxovia
Onde a Esperança, como um morcego perdido,
Nos muros vai bater a asa tímida e fria
E a cabeça ferir no teto apodrecido;

Quando a chuva, a escorrer suas cordas tamanhas,
De uma vasta prisão as grades delineia,
E a muda multidão das infames aranhas
No cérebro da gente estende a sua teia,

Sinos badalam, de repente, furibundos
E lançam contra o céu um rugido insolente,
Como espíritos que, sem pátria e vagabundos,
Começam a gemer recalcitrantemente.

— E enterros longos, sem tambor e sem trombeta,
Desfilam lentamente em minha alma; a Esperança,
Vencida, chora, e a Angústia prepotente avança
E em meu crânio infeliz planta a bandeira preta.

Le goût du néant

Morne esprit, autrefois amoureux de la lutte,
L'Espoir, dont l'éperon attisait ton ardeur,
Ne veut plus t'enfourcher! Couche-toi sans pudeur,
Vieux cheval dont le pied à chaque obstacle butte.

Résigne-toi, mon cœur; dors ton sommeil de brute.

Esprit vaincu, fourbu! Pour toi, vieux maraudeur,
L'amour n'a plus de goût, non plus que la dispute;
Adieu donc, chants du cuivre et soupirs de la flûte!
Plaisirs, ne tentez plus un cœur sombre et boudeur!

Le Printemps adorable a perdu son odeur!

Et le Temps m'engloutit minute par minute,
Comme la neige immense un corps pris de roideur;
Je contemple d'en haut le globe en sa rondeur
Et je n'y cherche plus l'abri d'une cahute.

Avalanche, veux-tu m'emporter dans ta chute?

O gosto do nada

Morno espírito, antigamente afeito à luta,
A Esperança, que te esporeava outrora o ardor,
Não te cavalga mais! Deita-te sem pudor,
Cavalo que tropeça em tudo e em vão reluta.

Dorme, ó meu coração; desiste, ó massa bruta!

Espírito vencido, em ti, velho impostor,
Já não tem gosto o amor, nem o tem a disputa;
Não mais a voz do cobre ou da flauta se escuta!
Deixa esta alma sombria, ó Prazer tentador!

Perdeu a Primavera o seu cheiro de flor.

E o tempo me devora em marcha resoluta,
Como a ampla neve um corpo rijo de torpor;
Contemplo do alto o globo túmido e incolor,
E nele nem procuro o abrigo de uma gruta!

Vais levar-me, avalancha, em tua queda abrupta?

Recueillement

Sois sage, ô ma Douleur, et tiens-toi plus tranquille.
Tu réclamais le Soir; il descend; le voici:
Une atmosphère obscure enveloppe la ville,
Aux uns portant la paix, aux autres le souci.

Pendant que des mortels la multitude vile,
Sous le fouet du Plaisir, ce bourreau sans merci,
Va cueillir des remords dans la fête servile,
Ma Douleur, donne-moi la main; viens par ici,

Loin d'eux. Vois se pencher les défuntes Années,
Sur les balcons du ciel, en robes surannées;
Surgir du fond des eaux le Regret souriant;

Le soleil moribond s'endormir sous une arche,
Et, comme un long linceul traînant à l'Orient,
Entends, ma chère, entends la douce Nuit qui marche.

Recolhimento

Cuidado ó minha Dor, não sejas tão hostil.
Reclamavas a Tarde; ei-la que vem descendo:
Cobre a cidade toda uma treva sutil,
A uns trazendo a inquietude, a outros a paz trazendo.

Enquanto dos mortais a turbamulta vil,
Que o Prazer, duro algoz, vergasta, vai colhendo
Remorsos, nada mais, nessa festa servil,
Dá-me, ó Dor, tua mão; vamo-nos escondendo

Deles. Vem ver as velhas Eras debruçadas
Das varandas do céu, em vestes antiquadas;
A Saudade a emergir das ondas, sorridente;

O Sol que tomba e sob uma arcada se aninha,
E, como ampla mortalha arrastada no Oriente,
Ouve, querida, a doce noite que caminha.

À une passante

La rue assourdissante autour de moi hurlait.
Longue, mince, en grand deuil, douleur majestueuse,
Une femme passa, d'une main fastueuse
Soulevant, balançant le feston et l'ourlet;

Agile et noble, avec sa jambe de statue.
Moi, je buvais, crispé comme un extravagant,
Dans son œil, ciel livide où germe l'ouragan,
La douceur qui fascine et le plaisir qui tue.

Un éclair... puis la nuit! — Fugitive beauté
Dont le regard m'a fait soudainement renaître,
Ne te verrai-je plus que dans l'éternité?

Ailleurs, bien loin d'ici! trop tard! jamais *peut-être!*
Car j'ignore où tu fuis, tu ne sais où je vais,
Ô toi que j'eusse aimée, ô toi qui le savais!

A uma passante

A rua, em torno, era ensurdecedora vaia.
Toda de luto, alta e sutil, dor majestosa,
Uma mulher passou, com sua mão vaidosa
Erguendo e balançando a barra alva da saia;

Pernas de estátua, era fidalga, ágil e fina.
Eu bebia, como um basbaque extravagante,
No tempestuoso céu do seu olhar distante,
A doçura que encanta e o prazer que assassina.

Brilho... e a noite depois! — Fugitiva beldade
De um olhar que me fez nascer segunda vez,
Não mais te hei de rever senão na eternidade?

Longe daqui! tarde demais! *nunca* talvez!
Pois não sabes de mim, não sei que fim levaste,
Tu que eu teria amado, ó tu que o adivinhaste!

L’âme du vin

Un soir, l’âme du vin chantait dans les bouteilles:
“Homme, vers toi je pousse, ô cher déshérité,
Sous ma prison de verre et mes cires vermeilles,
Un chant plein de lumière et de fraternité!

Je sais combien il faut, sur la colline en flamme,
De peine, de sueur et de soleil cuisant
Pour engendrer ma vie et pour me donner l’âme;
Mais je ne serai point ingrat ni malfaisant,

Car j’éprouve une joie immense quand je tombe
Dans le gosier d’un homme usé par ses travaux,
Et sa chaude poitrine est une douce tombe
Où je me plais bien mieux que dans mes froids caveaux.

Entends-tu retentir les refrains des dimanches
Et l’espoir qui gazouille en mon sein palpitant?
Les coudes sur la table et retroussant tes manches,
Tu me glorifieras et tu seras content;

J’allumerai les yeux de ta femme ravie;
À ton fils je rendrai sa force et ses couleurs
Et serai pour ce frêle athlète de la vie
L’huile qui raffermit les muscles des lutteurs.

A alma do vinho

A alma do vinho assim cantava nas garrafas:
“Homem, ó deserdado amigo, eu te compus,
Nesta prisão de vidro e lacre em que me abafas,
Um cântico em que há só fraternidade e luz!

Bem sei quanto custou, na colina incendida,
De causticante sol, de suor e de labor,
Para fazer minha alma e engendrar minha vida;
Mas eu não hei de ser ingrato e corruptor,

Porque eu sinto um prazer imenso quando baixo
À goela do homem que já trabalhou demais,
E seu peito abrasante é doce tumba que acho
Mais propícia ao prazer que as adegas glaciais.

Não ouves retinir a domingueira toada
E esperanças chalrar em meu seio, febris?
Cotovelos na mesa e manga arregaçada;
Tu me hás de bendizer e tu serás feliz:

Hei de acender-te o olhar da esposa embevecida;
A teu filho farei voltar a força e a cor
E serei para tão tenro atleta da vida
Como o óleo que os tendões enrija ao lutador.

En toi je tomberai, végétale ambroisie,
Grain précieux jeté par l'éternel Semeur,
Pour que de notre amour naisse la poésie
Qui jaillira vers Dieu comme une rare fleur!"

Sobre ti tombarei, vegetal ambrosia,
Grão precioso que lança o eterno Semeador,
Para que enfim do nosso amor nasça a poesia
Que até Deus subirá como uma rara flor!"

Les litanies de Satan

Ô toi, le plus savant et le plus beau des Anges,
Dieu trahi par le sort et privé de louanges,

Ô Satan, prends pitié de ma longue misère!

Ô Prince de l'exil, à qui l'on a fait tort,
Et qui, vaincu, toujours te redresses plus fort,

Ô Satan, prends pitié de ma longue misère!

Toi qui sais tout, grand roi des choses souterraines,
Guérisseur familier des angoisses humaines,

Ô Satan, prends pitié de ma longue misère!

Toi qui, même aux lépreux, aux parias maudits,
Enseignes par l'amour le goût du Paradis,

Ô Satan, prends pitié de ma longue misère!

Ô toi qui de la Mort, ta vieille et forte amante,
Engendras l'Espérance — une folle charmante!

Ô Satan, prends pitié de ma longue misère!

As litanias de Satã

Ó tu, o Anjo mais belo e também o mais culto,
Deus que a sorte traiu e privou do seu culto,

Tem piedade, ó Satã, desta longa miséria!

Ó Príncipe do exílio a quem alguém fez mal,
E que, vencido, sempre te ergues mais brutal,

Tem piedade, ó Satã, desta longa miséria!

Tu que vês tudo, ó rei das coisas subterrâneas,
Charlatão familiar das humanas insânias,

Tem piedade, ó Satã, desta longa miséria!

Tu que, mesmo ao leproso, ao pária infame, ao réu
Ensinas pelo amor as delícias do Céu,

Tem piedade, ó Satã, desta longa miséria!

Tu que da morte, tua velha e forte amante,
Engendraste a Esperança — a louca fascinante!

Tem piedade, ó Satã, desta longa miséria!

Toi qui fais au proscrit ce regard calme et haut
Qui damne tout un peuple autour d'un échafaud,

Ô Satan, prends pitié de ma longue misère!

Toi qui sais en quels coins des terres envieuses
Le Dieu jaloux cacha les pierres précieuses,

Ô Satan, prends pitié de ma longue misère!

Toi dont l'œil clair connaît les profonds arsenaux
Où dort enseveli le peuple des métaux,

Ô Satan, prends pitié de ma longue misère!

Toi dont la large main cache les précipices
Au somnambule errant au bord des édifices,

Ô Satan, prends pitié de ma longue misère!

Toi qui, magiquement, assouplis les vieux os
De l'ivrogne attardé foulé par les chevaux,

Ô Satan, prends pitié de ma longue misère!

Toi qui, pour consoler l'homme frêle qui souffre,
Nous appris à mêler le salpêtre et le soufre,

Ô Satan, prends pitié de ma longue misère!

Toi qui poses ta marque, ô complice subtil,
Sur le front du Crésus impitoyable et vil,

Ô Satan, prends pitié de ma longue misère!

Tu que dás ao proscrito esse alto e calmo olhar
Que faz ao pé da forca o povo desvairar,

Tem piedade, ó Satã, desta longa miséria!

Tu que sabes onde é que em terras invejosas
O Deus ciumento esconde as pedras preciosas,

Tem piedade, ó Satã, desta longa miséria!

Tu cujo claro olhar conhece os arsenais
Onde dorme sepulto o povo dos metais,

Tem piedade, ó Satã, desta longa miséria!

Tu cuja larga mão oculta os precipícios
Ao sonâmbulo a errar na orla dos edifícios,

Tem piedade, ó Satã, desta longa miséria!

Tu que, magicamente, abrandas como mel
Os velhos ossos do ébrio moído num tropel,

Tem piedade, ó Satã, desta longa miséria!

Tu que ao homem que é fraco e sofre deste o alvitre
De poder misturar ao enxofre o salitre,

Tem piedade, ó Satã, desta longa miséria!

Tu que pões tua marca, ó cúmplice sutil,
Sobre a fronte do Creso implacável e vil,

Tem piedade, ó Satã, desta longa miséria!

Toi qui mets dans les yeux et dans le cœur des filles
Le culte de la plaie et l'amour des guenilles,

Ô Satan, prends pitié de ma longue misère!

Bâton des exilés, lampe des inventeurs,
Confesseur des pendus et des conspirateurs,

Ô Satan, prends pitié de ma longue misère!

Père adoptif de ceux qu'en sa noire colère
Du paradis terrestre a chassés Dieu le Père,

Ô Satan, prends pitié de ma longue misère!

PRIÈRE

Gloire et louange à toi, Satan, dans les hauteurs
Du Ciel, où tu régnas, et dans les profondeurs
De l'Enfer, où, vaincu, tu rêves en silence!
Fais que mon âme un jour, sous l'Arbre de Science,
Près de toi se repose, à l'heure où sur ton front
Comme un Temple nouveau ses rameaux s'épandront!

Tu que, abrindo a alma e o olhar das raparigas, a ambos
Dás o culto da chaga e o amor pelos molambos,

Tem piedade, ó Satã, desta longa miséria!

Do exilado bordão, lanterna do inventor,
Confessor do enforcado e do conspirador,

Tem piedade, ó Satã, desta longa miséria!

Pai adotivo que és dos que, furioso, o Mestre,
O Deus Padre, expulsou do paraíso terrestre,

Tem piedade, ó Satã, desta longa miséria!

Oração

Glória e louvor a ti, Satã, nas amplidões
Do Céu, em que reinaste, e nas escuridões
Do Inferno, em que, vencido, sonhas com prudência!
Deixa que eu, junto a ti, sob a Árvore da Ciência,
Repouse, na hora em que, sobre a fronte, hás de ver
Seus ramos como um Templo novo se estender!

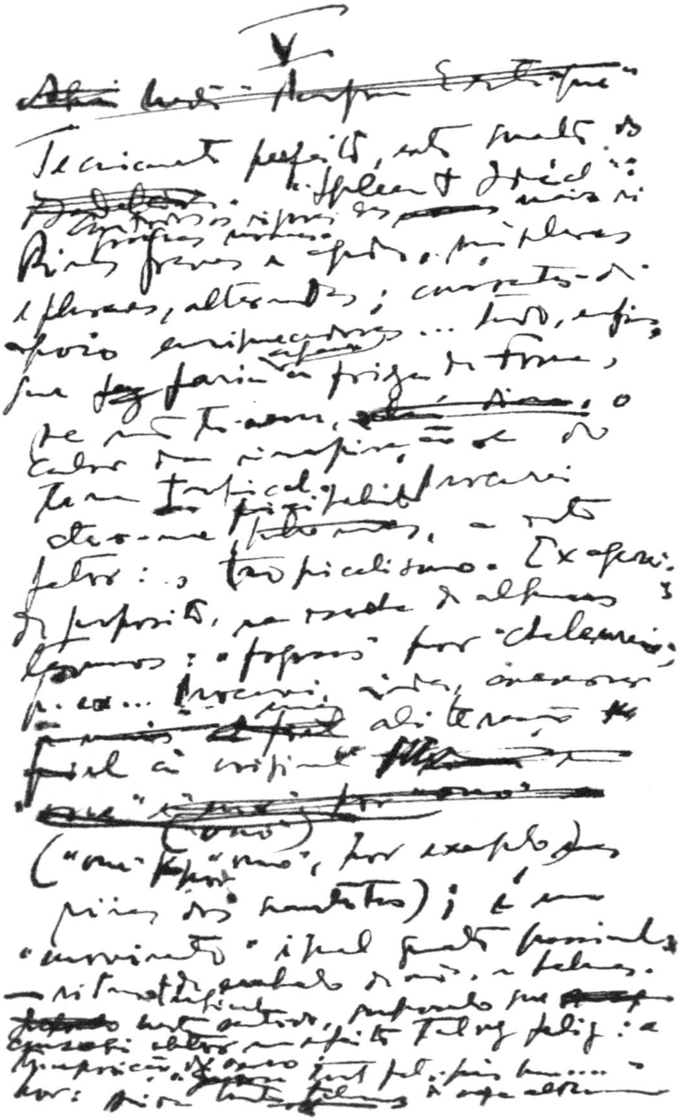

Página do caderno de Guilherme de Almeida com suas notas sobre a tradução do poema "*Parfum exotique*" (coleção Frederico Ozanam Pessoa de Barros).

Notas

Guilherme de Almeida

"Les parfums, les couleurs et les sons se répondent"...

Charles Baudelaire

... e, portanto, também as línguas, pois que são sons, e são cores, e são perfumes.

Guilherme de Almeida

Colheita livre, obedecendo apenas ao arbítrio de um gosto meu, todo pessoal, os vinte e um poemas de Baudelaire, ora por mim reproduzidos em português, são, de fato, o que "eu" julgo as flores das *Flores do mal*. Versos — como aqueles de que falei na introdução aos meus *Poetas de França* — que eu sempre soube de cor e que, à força de dizê-los, citá-los e recitá-los, acabei por me surpreender ouvindo-os de mim mesmo, na minha língua mesma. E, por isso, com seu ritmo nativo intacto, com seu espírito inato incólume.

Assim, no meu processo de re-criação, não há propriamente luta de poeta contra poeta, de um contra outro idioma: e sim uma automática justaposição, passiva conformação, espécie de *entente cordiale*, de tácita e recíproca sujeição.

Daí — porque não houve imposições no escolher, nem conflito no transfundir — talvez o mérito único desta obra: o da bem simples sinceridade.

E, por isso, uma repugnância minha, invencível, pelas desmoralizadas e desmoralizantes expressões "tradução", ou "versão", que me soam e sabem a coisa vulgar, muito outra daquilo que intimamente representa, para mim, o extenuante labor de oito anos, que tanto me custou este minguado ramilhete das "minhas" *Flores do mal*. Resolvi, pois, correr do meu vocabulário com tais palavras. Nesta *marginalia*, servir-me-ei de outra terminologia: "recriação" (já preconizada no citado prefácio aos *Poetas de França*), "reprodução", "recomposição", "reconstituição", "restauração", "transmutação", "correspondência", etc.; e, principalmente, "transfusão". É este, dentre tantos, o termo que mais acertado me pareceu, mais significativo das minhas intenções. O uso corrente já não o separa da ideia de sangue. Transfusão do sangue: a revivificação de um organismo pela infiltração de um sangue alheio, mas de "tipo" igual. Uma língua, uma poesia reabastecendo-se da seiva de outra, análoga, para mais e melhor se afirmar. Ser o veículo dessa transmissão... — A que mais aspirar?

Algumas notas teóricas, à margem de cada uma dessas aclimadas mudas, pareceram-me práticas para o leitor casual, porventura curioso do meu trabalho e da minha "maneira"; e úteis sobretudo a mim mesmo, como esclarecedoras do meu íntimo, único e ainda incompreendido intuito com as muitas e muitas recomposições que venho ultimamente tentando: o de provar o meu extremado amor à língua pátria, de que gosto de gostar, sensorialmente até, como de uma mulher se gosta, orgulhoso e ciumento dos segredos das suas formas e dos seus pensamentos; o meu enamorado enlevo por esta dócil, versátil, capacíssima língua nossa, de pequeno curso e grandes recursos, que tão bem sabe dizer, e de que tanto mal se diz.

Bendição

O julgamento do Poeta. Um júri completo: o libelo materno, a acusação burguesa, a defesa angélica e a absolvição divina. Página cuja falta, em qualquer livre seleção das *Flores do mal*, seria, pelo menos, uma traição a Baudelaire e a todos os Poetas.

Primeira dificuldade: o título. "*Bénédiction*" não é "bênção" para o espírito deste poema. Bênção o homem recebe de Deus: não lhe dá. Dá-lhe, sim, graças. "Ação-de-graças" seria, pois, o título certo em português. Mas as palavras, como a gente, têm alma e corpo: sentido e plástica. Na alma e no corpo, isto é, no fundo e na forma, a palavra nossa para "*bénédiction*" é "bendição". É termo caduco? Os dicionários comuns não o registam? — Ele existe, porém, na língua, em estado latente. Como muitos outros: todos esses que "parecem" não existir, porque já foram esquecidos, ou ainda não foram revelados. Reflita-se, gramaticalmente: dizer — dito — dição; maldizer — maldito — maldição. Logo: bendizer — bendito — bendição.

"*Bénédiction*" resume, tecnicamente, a poesia baudelairiana, com todas as suas defeituosas perfeições: *chevilles* à vontade (por exemplo, o verso: "*A ce* beau *diadème* éblouissant *et* clair"); rimas pobres e repetidas (em "é", "er", "ain", etc.); versos frouxos (v. gr. este: "*Puisqu'il me trouve assez belle pour m'adorer*"); repetições de termos ("*haine*", seguidamente, nas estrofes 4ª e 5ª; "*s'enivrer*", nas 6ª e 7ª; "*saintes*", nas 15ª e 16ª, etc.). Mas, com todas essas imperfeições, que perfeita Poesia!

Ora, incapaz de corresponder a esta, pelo menos correspondi àquelas. E se, de um lado, descuidei, de propósito, da qualidade das rimas (insistindo nas paupérrimas: em "ado", por exemplo) e usei apenas as graves (simetria que quebrei na 16ª estrofe, para não prejudicar a fluência: "Legiões" com "Dominações") e deixei até de observar a cesura num dos versos (também para respeitar a fluência: "Dos Tronos, das Virtudes, das Dominações"); de outro lado, cuidei, tanto quanto possível, de sustentar as consoantes de apoio ("enfadado"-"apiedado"; "receio"-"seio"; "amenidade"-"atrocidade"; "alimentam"-"lamentam"; "adorar-me"-"redoirar-me"; "sofrimento"-"alimento"; "adversos"-"universos"; "feito"-"perfeito", "primitivos"-"negativos").

Ao citado verso arrítmico — "*Puisqu'il me trouve assez belle pour m'adorer*" — dei instintivamente uma composição diversa: "Se ele acha que sou bela e quer idolatrar-me"; e verifiquei, mais tarde, com surpresa, que eram exatamente essas a construção e a cadência primitivas (variante de tal verso na edição *princeps* de 1857):

"*Puisqu'il me trouve belle et qu'il veut m'adorer*".

Um exercício difícil, a fiel reprodução rítmica de um desusado alexandrino — o 3º da 11ª estrofe, divisível em quatro versos de três sílabas:

"*Pour savoir / si je puis / dans un cœur / qui m'admire*".

Assim reconstruído:

"Para ver / se no seu / coração / ainda guardo".

A 9ª estrofe, particularmente, exigiu um trabalho árduo de interpretação. Creio, porém, que o sentido legítimo, intencional — apesar de certa inversão na ordem das palavras — está transposto com honesta exatidão.

Uma das preocupações de Baudelaire, neste seu poema de nítida e propositada afirmação cristã, é a insistência na terminologia teológica: "*puissances suprêmes*", "*blasphèmes*", "*pitié*", "*Ange*", "*ambroisie*", "*nectar*", "*chemin de la croix*", "*Esprit*", "*pèlerinage*", "*nard*", "*encens*", "*myrrhe*", "*génuflexions*", "*impies*", "*Ciel*", "*pieux*", "*bienheureux*", "*Légions*", "*Trônes*", "*Vertus*", "*Dominations*", "*mystique*", "*imposer*", "*diadème*", "*foyer saint*", "*rayons primitifs*"... Todos esses termos passaram, intactos, para a minha reconstituição: até mesmo o misterioso verbo "*imposer*" (17ª estrofe), no seu sentido litúrgico de "administrar", "conferir", talvez arbitrário, mas sem dúvida muito sugestiva e eufonicamente empregado por Baudelaire.

O albatroz

Baudelaire define o Poeta: o príncipe feito para o voo alto no céu, e não para o contato baixo com a terra.

No original, o "motivo" — "*l'albatros*" — está no singular no título, e no plural nas duas primeiras estrofes. Usei, na reconstituição, apenas o singular, menos por exigências da métrica e da rima, ou por necessidade de coerência do texto com o título (concordância de número), do que para sustentar o símbolo final com o Poeta (singular no texto):

"*Le Poète est semblable au prince des nuées*"...

Não observei a disposição alternada das rimas agudas (*masculines*) e graves (*féminines*). Reservei a aguda apenas para dar maior força ao fecho ("ar" e "andar").

O rigorista da "arte que maior se chama" notará talvez, na minha reprodução, a homofonia das rimas da segunda quadra ("asas" e "ado"). Mas... será isso — quem sabe? — uma réplica à mesma *peccadille* que comete Baudelaire na estrofe final ("ées" e "er").

A vida anterior

Aqui, nesta "*La vie antérieure*", o meu texto afasta-se um pouco da letra no segundo quarteto, embora eu me tivesse esforçado por manter intactas as palavras-mestras, os termos--chaves do segundo e terceiro versos dessa estrofe: "*Solennelle*", "*mystique*", "*accords*" e "*riche*" (na transposição: "solenemente, "místicos", "acordes" e "ricos").

Mas, tal desvio — penso eu — está talvez compensado por uma *trouvaille* no primeiro verso desse mesmo quarteto: "céus imaginosos". Esta expressão, *data venia*, parece-me talvez mais... mais baudelairiana do que a original: "*les images des cieux*". Dou mais importância à causa (céu) do que ao efeito (imagens). Haverá no mundo alguma coisa mais imaginosa do que o céu com a sua fantasmagoria de nuvens, com a sua policromia de auroras e ocasos, de relâmpagos e arco--íris?... A diferença entre adjetivo e substantivo... Nefelibatismo — dir-se-á...

A Beleza

Uma imperfeição, que é um dos caprichos típicos da poesia de Baudelaire: a inobservância, nos sonetos, das duas rimas únicas, obrigatórias, nos quartetos; e o gosto (eu ia escrever "mania"...) de emparelhar a rima no fecho (o 13° com o 14° verso).

Respeitei a honrosa imperfeição.

E, também por capricho, respeitei, desta vez, o imbricado dos sons graves e agudos.

Um verso importante, no original, é o terceiro do segundo quarteto, considerado dos mais belos da poesia de França:

"*Je hais le mouvement qui déplace les lignes*".

Impossível de ser refeito ao pé da letra. Procurei apenas a exata correspondência mental:

"Odeio o que se move e faz o desalinho".

E com isso salvei também a semelhança fonética da rima: "ignes" e "inho".

Hino à Beleza

Metade graves, metade agudas — é a proporção entre os vocábulos, na língua francesa. Na portuguesa, temos mais de noventa por cento de graves e esdrúxulas, contra apenas o resto de agudas...

Daí, a impossibilidade de manter neste, como em muitos outros poemas desta seleta, a simetria do original na equitativa distribuição das rimas *masculines* e *féminines*. Assim mesmo, cuidei de conservar, mais ou menos, esse equilíbrio, alternando os sons graves e agudos, não por versos, mas por estrofes: uma quadra sim, uma quadra não. E, mais, pensei poder suprir essa deficiência por uma busca de vozes análogas quanto possível às originais: "*abîme*" e "*crime*", por "sublime" e "crime" (1ª estrofe); "*astres*" e "*désastres*", por "astro" e "rastro" (3ª estrofe); "*moques*" e "*breloques*", por "remoques" e "berloques" (4ª estrofe); "*chandelle*" e "*belle*", por "vela" e "bela" (5ª estrofe); "*importe*" e "*porte*", por "importa" e "porta" (6ª estrofe).

Perfume exótico

Tecnicamente perfeito, este soneto do "*Spleen et Idéal*". Todos os rigores das mais rigorosas normas: rimas graves e agudas, singulares e plurais, alternadas; consoantes de apoio enriquecedoras, etc... — tudo, enfim, que faria apenas a frieza de Forma, se não tivesse o calor do tema tropical na inspiração e na expressão.

Procurei, na recomposição, ater-me principalmente a esse fator: o "tropicalismo". Exagerei, de propósito, a escolha de alguns termos: "fogosos" por "*chaleureux*", por exemplo...

Procurei, ainda, conservar uma aliteração fiel à original ("one" e "ono", por exemplo, nas rimas dos quartetos); e um movimento mental e verbal mais ou menos correspondente ao do texto: ritmo modorrento de embalo de ondas e palmas. Neste sentido, suponho ter conseguido um efeito talvez feliz: a transmutação do verso

> "*Encor tout fatigués par la vague marine*",

em

> "Ainda tontos talvez da vaga alta que ondula".

A cabeleira

Ainda o "tropicalismo", que, mais adiante, culminará em "*L'invitation au voyage*".

Será que nesta nossa tão viajada língua, que andou por inéditos mares e anônimas terras, e nesses mares e nessas terras toda se impregnou e amolentou de longos embalos de ondas e lentos balanços de palmas...; será que nesta nossa tão viajada língua é que gostaria Baudelaire de ter escrito alguns dos tórridos versos de sonhos crioulos, de langores e mormaços, que lhe inspirou o seu "*Pays de Cocagne*"?

Esse foi o pensamento que me acompanhou, há oito anos, quando da minha primeira tentativa de aportuguesamento de Baudelaire: a transfusão de "*La chevelure*". Gostei, então, de haver encontrado para

> "*De l'huile de coco, du musc et du goudron*"

esse

> "Um vago óleo de coco, almíscar e alcatrão",

no qual o artigo radical árabe ("al") acrescenta maior luxo e languidez à ideia e à música do verso. Ou então, de haver conseguido dar uma onomatopeia de sofreguidão, de quem bebe com ânsia e volúpia, ao verso derradeiro; e, principalmente, de nele ter tido a oportunidade de encastoar a esmeralda da nossa, unicamente nossa "saudade" (por "*souvenir*"):

> "Onde a amplos haustos sorvo o vinho da saudade"...

Onomatopeia?... — Creio que não se poderá dizer, de

boa-fé, este verso, senão com o movimento respiratório de quem, sedento, está, de fato, bebendo com gula um generoso *aurum liquidum*. Mesmo porque, tecnicamente, além da inicial aliteração em "a" ("a amplos haustos"), e do leve aspirado natural do "h" de "haustos", o leitor, ou recitador, terá que se deixar arrastar pela intencional cadência dupla desse alexandrino, divisível à vontade — em dois versos de seis sílabas:

> "Onde a amplos haustos *sor*/vo o vinho da saudade";

ou em três de quatro:

> "Onde a amplos *haus*/tos sorvo o *vi*/nho da saudade".

Deu-me ainda — nota final — este "*La chevelure*" a oportunidade de criar um dos versos que mais prezo em toda a minha obra poética. É o último da quinta estrofe:

> "Ó infindo balouçar do lazer perfumado!".

Uma carniça

"*Une charogne*"... Popularmente, a *pièce de resistance* de *Les Fleurs du mal*. É a pintura, embora rude, emotiva, que um romântico-naturalista faz do mau cheiro. Tentei reproduzi-la em toda a sua natural, deliciosa "grosseria". Não se estranhe, pois, no meu texto, o termo "fedor" por exemplo: Baudelaire escreveu "*puanteur*", e não, burguesmente, "*mauvaise odeur*"...

Como em "Hino à Beleza" (mas aqui com absoluto rigor), mantive as rimas graves e agudas alternando-se por estrofes e não por versos.

Um verso curioso: o primeiro da segunda estrofe. Ritmo contrafeito. Inteiramente irregular, desconjuntado, sem cesura, tem a sua tônica, surpreendentemente, na primeira sílaba de "*comme*". Assim:

"*Les jambes en l'air* com/*me une femme lubrique*"...

Tentei reconstituir rigorosamente esse *divertissement* de Baudelaire, mantendo, ademais, as mesmas vogais feridas ("o" na cesura, e "i" na rima):

"As pernas para o ar *co*/mo uma mulher lasciva"...

Cuidei também de conservar, entre outras, a deliberada homografia das rimas graves da segunda estrofe: "*vague*" (substantivo) e "*vague*" (adjetivo), representadas pelas suas rigorosas correspondentes em português: "vaga" (substantivo) e "vaga" (adjetivo).

Adiante, como se verá em "*Le beau navire*", Baudelaire repete (2ª estrofe) esse intencional efeito. E... e eu também.

Remorso póstumo

Outro soneto "rigoroso": rimas graves e agudas, consoantes de apoio... *et tout le tremblement.*

Por espírito de acrobacia (que aliás, confesso, não me desagradou executar), sustentei, desta feita, as tais graves e agudas, mantendo, ainda, na medida do possível, os sons correspondentes entre as duas línguas: "euse" nos quartetos, a "osa"; "i" (de "*infini*" e "*bani*"), nos tercetos, a "im" (de "mim" e "fim"); "ète" (de "*poète*" e "*imparfaite*") a "éta" (de "poeta" e "incompleta"); "ords" (de "*mords*" e "*remords*"), a "ós" (de "sós" e "atroz").

A propósito: na substituição de "*imparfaite*" por "incompleta", terá havido traição?... Ou uma hermenêutica perfurante do verdadeiro pensamento do poeta?... A cortesã, que é de se lamentar por não haver conhecido todos os prazeres que os mortos deploram, podia não ter sido propriamente imperfeita; mas foi, sem dúvida, incompleta...

“Hoje, que dirás tu...”

Lindo poema, embora, como soneto, dos tais imperfeitos pela liberdade no jogo das rimas nos quartetos.

Tratei de ferir, sempre que possível, no rimar, as mesmas vogais. Por exemplo: o “i” do primeiro quarteto (“*flétr*i” e “*refleur*i”, por “tr*i*ste” e “reflor*i*ste”); o “a” nasalado do segundo quarteto (“*lou*an*ges*” e “An*ges*”, por “arrog*ân*cia” e “fragr*ân*cia”); e, finalmente, o “u” do primeiro terceto (“*solit*u*de*” e “*multit*u*de*”, por “solit*u*de” e “r*u*de”) e o “o” nasalado do último terceto (“*ord*on*ne*” e “*Mad*on*e*” por “do*n*a” e “Mad*on*a”).

A bela nau

Uma só observação sobre esta página.

O segundo verso da segunda estrofe é considerado um dos mais belos da poesia francesa:

> "*Tu fais l'effet d'un beau vaisseau qui prend le large*".

Longo, enorme, infinito... Há aí um truque de artista, um segredo de joalheiro. Baudelaire, para dar a máxima extensão a este alexandrino, enriqueceu-o de rimas internas, nas habituais sílabas tônicas dessa medida: "*fais*" com "*effet*" e "*beau*" com "*vaisseau*". Destarte, tornou-se o verso de uma extraordinária elasticidade, de uma incrível maleabilidade. Alexandrino (doze sílabas), ele pode ser "sentido", à vontade, como dois versos de seis sílabas, três de quatro, ou seis de duas. Assim:

> "*Tu fais l'effet d'un beau / vaisseau qui prend le large*"
> (2 de 6);
>
> "*Tu fais l'effet / d'un beau vaisseau / qui prend le large*"
> (3 de 4);
>
> "*Tu fais / l'effet / d'un beau / vaisseau / qui prend / le large*"
> (6 de 2).

Não seria honesta uma re-criação legítima desse verso, senão conservando rigorosamente todos esses mesmos caprichosos efeitos. Trabalho de dias, semanas, meses, ela aí está, afinal, talvez com todos os mesmos valores:

"És tal e qual a nau quando ao mar-alto larga".

Aí estão as rimas internas: "tal" com "qual" e "nau" com "ao". Aí está a mesma divisibilidade alongadora:

"És tal e qual a nau / quando ao mar-alto larga"
(2 de 6);

"És tal e qual / a nau quando ao / mar-alto larga"
(3 de 4);

"És tal / e qual / a nau / quando ao / mar-al / to larga"
(6 de 2).

E aí está também a rima grave, homógrafa, do original: "*large*" (adjetivo) com "*large*" (substantivo), equivalente a "larga" (adjetivo) e "larga" (verbo).

O convite à viagem

Uma ginástica (mas dessas que a gente pratica com gosto): manter, rigorosissimamente, numa poesia de medida vária, mas simétrica, uniforme, a dura disciplina das rimas graves e agudas, e da métrica arbitrária, resolvida, mas equilibrada.

Eis a fórmula dessa composição:

> 4 tercetos (em 5, 5 e 7 sílabas) formando uma estrofe;
> 1 dístico-refrão (em 7 e 7 sílabas);
> nos versos de 5 sílabas, rimas agudas;
> nos de 7, rimas graves nas estrofes e agudas no refrão.

Em toda a minha irreverente devastação pelo sugestivo canteiro das *Flores do mal*, esta foi talvez a mais custosa. E se custosa, gostosa, em compensação...

Spleen ("Pluviôse")

O primeiro dos quatro "*Spleen*".

Para sugerir "Pluviôse" (de *pluvia* = *pluie*), o mês das chuvas, quinto do Calendário Republicano Francês, transformei, de propósito, no final do segundo quarteto, "*fantôme frileux*" em "fantasma chuvoso". Uma extravagância. Mas... tão baudelairiana!

Não me foi possível, também desta vez, observar a distribuição simétrica das rimas graves e agudas alternadas. Mas, de mim para mim, me dou bem pago dessa incapacidade com o casual achado da rima preciosa do primeiro terceto: "roufenha" para "lenha". "*Pendule enrhumée*"... — é bem a voz nasalada, fanhosa, endefluxada que "roufenha" quer dizer.

Nas edições chamadas "definitivas" de *Les Fleurs du mal* encontra-se, no primeiro verso deste soneto, a palavra "*vie*"; e na edição de 1857, "*ville*". Preferi esta: 1º) porque o "motivo" do poema é todo *cittadino* ("*cimetière*", "*faubourgs*"...); 2º) para evitar o hiato "*vie entière*". Assim, corrigi a minha primeira redação:

> "Pluviôse, contra a vida toda revoltado",

por:

> "Pluviôse, contra toda a cidade irritado"...

Spleen ("Lembro-me mais")

Em 11 de maio de 1941 apareceu, publicada no *O Estado de S. Paulo*, esta reprodução, precedida do seguinte comentário:

> "... Uma dúzia de parelhas alexandrinas, classicamente em rimas alternadas, agudas e graves, mas nem sempre com o rígido rigor da 'rima rica', com a sua consoante de apoio, típica da ourivesaria poética francesa".

Aí, Baudelaire, como num intencional descaso — a dar mesmo ideia de *spleen*, isto é, de indiferença e desânimo —, rima, por exemplo, sem a enriquecedora consoante, "*quittances*" com "*romances*" ("t" e "m"); "*commune*" com "*lune*" ("m" e "l"), "*vers*" com "*chers*" ("v" e "ch"), etc... Ora, eu precisava imitar também esse deliberado desleixo. Mas, como? — Em vez de meter-me a desprezar a tal consoante de apoio, que em nossa arte poética não é obrigação, senão simples capricho, resolvi corresponder a essa *nonchalance* de Baudelaire, mantendo, de princípio a fim, apenas a rima grave — a mais fácil em português. Fica, assim, uma coisa pela outra.

Sofismas, malabarismos, disfarces, desculpas de mau pagador — dir-se-á. Mas, vale a pena expor-se a gente a esse "dir-se-á", quando, no seu mister, tem a muito íntima e muito lisonjeira alegria de, surpreso, descobrir, por exemplo:

— que Baudelaire escreveu "*un gros meuble à tiroirs*" porque em francês não existe a palavra "contador" (o velho e nobre móvel tão nosso);

— que, providencialmente, ao adaptar o verso "*Rien n'égale en longueur les boiteuses journées*", eu descobri, em minha língua, a surpreendente possibilidade de uma onomatopeia, que, pela aliteração em "t", "r" e "p", dá bem ideia dos tropeções desses dias mancos: "Nada é igual ao torpor desses trôpegos dias"...;

— que, assim como Baudelaire inventou, no maravilhoso 17º verso desta composição (a mais baudelairiana definição do tédio baudelairiano), a palavra "*incuriosité*", com a mesma liberdade posso, baudelairianamente, usar no singular o termo "escombro" (ruína), geralmente só empregado no plural;

— e que se me apresentou também a oportunidade de sublinhar a ideia de tédio — do que é incolor, morno, monótono, doloroso — usando de uma deliberada homofonia nas rimas dos seis versos finais, que ferem apenas a vogal "o": "esc*o*mbro", "brum*o*so", "desg*o*sto"...

Spleen ("Sou como o pobre rei")

Creio que a página menos difícil de ser transfundida. Vem para a nossa língua quase que automaticamente.

E, para não estragar essa naturalidade, para não desviar a fluência, desleixei, de caso pensado, da obrigatoriedade — sempre requintada, sem dúvida, mas nem sempre inofensiva — das rimas perfeitas de sons graves e agudos alternados. Deixei-as vir como quiseram vir.

Spleen ("Quando o céu baixo e hostil")

Há, neste "*Spleen*", um verso que considero central pelo seu valor técnico. É o quarto da quarta estrofe:

"*Qui se mettent à geindre opiniâtrément*".

Um advérbio de seis sílabas formando, sozinho, todo um hemistíquio. E, ainda mais, molemente alongado pelo hiato "iâ" ("*opiniâtrément*"). Exata ideia da pertinácia, da obstinação, da teimosia, da tenacidade, da persistência, da perseverança... Quantos sinônimos! Sim... Mas, qual deles poderia fornecer o advérbio de modo, sextissilábico, indispensável para o efeito condizente? A procura foi penosa e longa. E aí está esse "recalcitrantemente", que me pareceu o mais certo, s. m. j...

O gosto do nada

Quinze versos: duas únicas rimas, do princípio ao fim.

Com bastante esforço, consegui manter esse requinte básico do original. Também só duas rimas, no meu texto. E, foneticamente, correspondentes, em rigor, às originais: “ute” e “eur”, por “uta” e “or”.

Recolhimento

Mantendo, nos quartetos deste soneto, a ordem clássica francesa das rimas graves e agudas, inverti, entretanto, a habitual disposição das mesmas: pus a *masculine* abrindo e a *féminine* fechando as duas estrofes. Mas, em compensação, nos versos agudos, conservei a mesma vogal (o "i") ferida pelo original nos quatro versos graves ("*tranquille*"-"hostil"; "*ville*"-"sutil", etc.).

Uma dificuldade: encontrar o equivalente a "*Anneés*", no primeiro verso do primeiro terceto. Era necessário um termo feminino correspondente, para a ideia de mulheres debruçadas das varandas do céu em vestidos fora de moda:

> "... *Vois se pencher les défuntes Années*
> *Sur les balcons du ciel en robes surannées*".

Pareceu-me que o termo "Eras" resolveria bem o caso:

> "... Vem ver as velhas Eras debruçadas
> Das varandas do céu em vestes antiquadas"...

Na chave de ouro, Baudelaire serviu-se, intencionalmente, de uma *cheville* (a repetição do imperativo "*entends*"), para, alongando o verso, sugerir o caminhar vagaroso:

> "*Entends, ma chère, entends la douce Nuit qui marche*".

Suponho ter mantido esse efeito apenas com forçar o corte ternário do verso:

"*Entends, ma chè / re, entends la dou / ce Nuit qui marche*":

isto é:

"Ouve, queri / da, a doce noi / te que caminha".

A uma passante

Tudo o que há de mais século XIX, o desenho a *pointe sèche* que é este soneto dos "*Tableaux parisiens*".

O primeiro verso apresenta uma forte peculiaridade: uma áspera aliteração em "r", evidentemente propositada, para dar ideia do atravancamento da rua movimentada.

"*La* r*ue assou*r*dissante autou*r *de moi hu*r*lait*"

Mantive as mesmas asperezas, conservando, ademais, o termo-chave do verso ("*assourdissante*" = "ensurdecedora"):

"A *r*ua, em to*r*no, e*r*a ensu*r*decedo*r*a vaia".

A alma do vinho

Consegui sustentar, desta feita, rigorosamente, a ordem equitativa das rimas graves e agudas em todas as estrofes.

Na penúltima e última quadra, a rima aguda, no meu texto, é a mesma: em “or” (“cor”, “lutador”, “Semeador” e “flor”). Mas, no texto original, embora no singular as da última e no plural as da penúltima estrofe, são também, eufonicamente, iguais: “*couleurs*” e “*lutteurs*”, “*Semeur*” e “*fleur*”.

As litanias de Satã

Perfeitamente uma ladainha mesmo, com seus pregões e seu responso monocórdico. Este, para ser bem um refrão, é, no original, um alexandrino primário, exato — dois versos de seis sílabas, bem demarcados, o primeiro terminando em aguda e, portanto, sem necessidade de elisão de vogal muda para fusão com a primeira sílaba do segundo:

"*Ô Satan, prends pitié / de ma longue misère!*"

Procurei o mesmo efeito:

"Tem piedade, ó Satã, / desta longa miséria!"

Os pregões são parelhas de rimas graves (as ímpares: 1ª, 3ª, 5ª, etc.) e agudas (as pares: 2ª, 4ª, 6ª, etc.): disposição simétrica que respeitei religiosamente.

Estranha coincidência: por necessidade de rima ou por que quer que seja, fugi à letra da "edição definitiva" num dos versos deste poema:

"*Toi qui, magiquement, assouplis les vieux os*",

que apresentei assim:

"Tu que, magicamente, abrandas como mel".

Ora, revendo a variante da edição de 1857, verifico que coincide com essa imagem da "moleza do mel" a da primeira redação de Baudelaire (moleza de "*baume*" e "*huile*"):

"*Toi qui frottes de baume et d'huile les vieux os*"...

Uma das parelhas, mais que as outras, ofereceu ao trabalho de transfusão um obstáculo dos mais excitantes. É aquela que celebra a invenção da pólvora como uma das artes do Demônio:

> "*Toi, qui pour consoler l'homme frêle qui souffre,*
> *Nous appris à mêler le salpêtre et le soufre*".

Esse dístico, com sua ideia completa e sua rima riquíssima, exigia, naturalmente, a mais estrita observância de fundo e forma. Ei-la:

> "Tu, que ao homem que é fraco e sofre deste o alvitre
> De poder misturar ao enxofre o salitre"...

Pela fidelidade à essência do conceito e à opulência da rima, na transposição, creio ter eu também... inventado a pólvora.

São Paulo, 24 de julho de 1943

Clarões de alma vidente

Marcelo Tápia

De um verso de "Bendição", primeiro deste livro, surge esta frase que aqui se adota como título, para que se insinue, assim, a afinidade de seu autor com o "sangue" baudelairiano; Guilherme de Almeida encarava a tarefa de traduzir como uma "transfusão": "a revivificação de um organismo pela infiltração de um sangue alheio, mas de 'tipo' igual". A noção de "transfundir" envolve uma ideia de transferência, de "justaposição", de "tácita e recíproca sujeição". Não há, portanto, sujeição unilateral, ou seja, não há relação de subserviência. Há, sim, apropriação da própria criação: estas *Flores das "Flores do mal"* são "aquilo que intimamente representa, para mim, o extenuante labor de oito anos, que tanto me custou este minguado ramilhete das 'minhas' *Flores do mal*", no dizer do poeta. Sua "repugnância" pelas palavras "tradução" e "versão" já o levaram, em *Poetas de França*, antologia anterior às *Flores*, a propor o termo "recriação", hoje tão comumente aceito para designar a tradução poética. Na introdução àquele livro, após afirmar a importância fundamental do ritmo, por ser este o "impulso inicial de toda poesia", o tradutor escreve:

> "Poder-se-á traduzir, verter, trasladar de uma língua para outra esse complexo-simples que é um ritmo?
>
> Ora, traduzir, nesse caso, seria antes 'reproduzir'. 'Reproduzir', no sentido autêntico, primitivo do termo:

> 're'-'produzir', quer dizer, produzir de novo, ou seja, sentir, pensar e dizer como o autor e com o autor."

Por ser a poesia traduzida — ou recriada, ou transfundida, ou reproduzida — também criação, os poemas são, para Guilherme, "'minhas' *Flores*", e se tornam, também, posse do idioma do recriador: "estas doentias flores alheias que tentei fazer suas", como diz na dedicatória feita à semelhança — um ato emulatório — daquela do livro de Baudelaire. Assume-se, na concepção deste florilégio, a criação e a autoria dos poemas em português, o que é expresso no próprio título e na disposição gráfica da capa da edição original, com o nome do tradutor ocupando o lugar normalmente reservado ao do autor. Ainda que incerta a afirmação "sentir, pensar e dizer como o autor" — já que a leitura de um poema por outro leitor será sempre outra —, no propósito do poeta está inserto o ato de produzir, *fazer*, criar.

Guilherme presta uma surpreendente e fundamental contribuição ao pensamento sobre tradução poética em nosso país — entre os poetas que se dedicaram a discutir o assunto, e a revelar seu modo de ver e de trabalhar, é um verdadeiro "vidente", com lampejos de afirmação antecipatória —, anunciando definições e lançando múltiplas possibilidades de reflexão sobre o tema, a partir, centralmente, das "Notas" que, escritas em um caderno à parte, vieram a integrar esta antologia. A elas deveremos nos ater, mas não sem antes retornarmos à indicação inicial de identificação entre os dois poetas que aqui se espelham.

Nascido em 1890, e, consequentemente, advindo de uma geração parnasiano-simbolista, o poeta Guilherme revela uma afinidade profunda com o autor francês — considerado o grande precursor do simbolismo —, afinidade que provém do próprio tempo vivido, ou do que poderíamos chamar de "espírito de época"; esta ligação, pela ampla circunstância, realiza-se não só pelo teor das tematizações, pelo modo de considerar a forma — a busca dedicada e atenta de construção e de lapidação —, mas também pela intenção de superar a regra esperada: as "defeituosas perfeições" de Baudelaire, ou "imperfeições" de "perfeita poesia", são focos de interesse de Guilherme para uma "reconstituição" (outro dos termos usados pelo poeta, além de "transcrição" — no sentido em que é empregado em música, de elaboração de arranjo para instrumentos diversos daqueles para os quais uma composição fora escrita — e de "transmutação") do poema em língua outra. Há observância das imperfeições e admiração, coexistentes; uma espécie de conflito entre a noção de perfeição a ser buscada e de sedução pelo imperfeito que transcende a regra e cria padrões próprios. Esta dubiedade complementar está, por sinal — frise-se —, presente na obra original de Guilherme, na qual convivem o cultivo da tradição e a postura atenta às possibilidades de renovação (haja vista a sua decisiva atuação no movimento modernista brasileiro e sua busca por diálogo com novas poéticas, constatável até seu último livro, ainda inédito...).

Nesta idealizada identificação entre "almas" (para Guilherme a sua alma e a do também francês Paul Verlaine seriam "almas irmãs gêmeas") surge — em dimensão concreta, material —, o trânsito entre dois textos, o diálogo entre duas composições autônomas. As almas afins tornam-se corpos, pois qualquer afinidade ou proximidade traduz-se em desdobramento de um corpo em outro corpo, que é tão corpo quanto o primeiro. (Neste ponto, reitere-se a visão "premonitória", do poeta modernista, da defesa da posse criativa, da ousadia apropriadora associada à própria criação, tão incorporadas hoje à atitude de tradutores de poesia, após, por exemplo, a veemência plenamente sustentada e elaborada de um Haroldo de Campos, referência central entre outros que se têm debruçado sobre o assunto.)

Mas, atendo-nos por um momento a tal transposição de "almas", ou simplesmente identificação pela percepção de um tempo, pela manifestação de uma atitude diante da vida e da arte, penso ser interessante lembrar a subjacente presença da imagem do "Albatroz" ("Que sem graça é o viajor alado sem seu nimbo! / [...] O poeta é semelhante ao príncipe da altura / [...] Exilado no chão, em meio à corja impura, / As asas de gigante impedem-no de andar") em uma crônica hoje célebre de Guilherme de Almeida, "A escada de minha mansarda", que descreve a subida a seu estúdio, posto no ponto mais alto de sua casa:

> "Íngreme, estreita, escura e curva é a escada que sobe para minha mansarda. [...]
>
> Jamais me arrependi de tê-la subido. Sempre me arrependi de tê-la descido. Porque é mesmo um desprendimento do rasteiro, numa ânsia de quietude, isolamento e sonho para o pleno ingresso nos meus Paraísos Interiores. [...]
>
> Chego, pesado do dia cretino e pornográfico [...]
>
> Chego. O fardo é exaustivo. Enfrento a escada. [...] Lá, no topo, está a libertação.
>
> E subo, contando os degraus, que vão ficando cada vez mais fáceis. E eu vou ficando cada vez mais leve. Mais fáceis... Mais leve... Mais...
>
> Pronto!
>
> Aqui não há leis, nem mesmo a da gravitação terrestre. [...]"

Dá para imaginar o corpo trôpego, como o do pássaro de asas grandes do poema baudelairiano — "feito para o voo alto do céu, e não para o contato baixo com a terra" —, com que Guilherme parecia perceber-se, após os embates do "dia cretino e pornográfico"... É evidente, por outro lado, a identidade entre este texto — que, ademais, pode até ser visto como um "poema em prosa", por ser rítmico, eminentemente poético — e um dos *Pequenos poemas em prosa* do autor francês, "À uma da manhã", como observou-me Leda Tenório, em cuja tradução é aqui apresentado:

> "Enfim! Sozinho! Já não se ouvem mais que alguns fiacres rodando, retardados e extenuados. Por algumas horas, teremos silêncio, se não repouso. Enfim! Sumiu a tirania da face humana e agora só quero sofrer por conta própria. Enfim! — agora posso descansar num banho de trevas. Antes de mais nada, uma dupla volta na fechadura. Parece-me que virar assim a chave aumentará minha solidão e fortificará as barricadas que atualmente me separam do mundo."

Quem conhece a mansarda de Guilherme sabe que ele fala de sua própria experiência, ecoando, ressoando em nova vida, novo espaço e novo contexto, uma obra que existe em duas instâncias, em duas vidas distintas: na dele mesmo e na de seu ilustre predecessor. Seriam muitos os pontos de contato, pela via do tema e do conteúdo, entre a produção do brasileiro, em diversas de suas expressões, e a do poeta francês; estas ligações ao mesmo tempo pessoais e contextuais, a introjeção dos versos alheios, ditos muitas e muitas vezes, podem ser um dos modos de compreender a qualidade dos resultados das recriações de Guilherme. Nestes resultados, nas evidências do trânsito entre dois textos distintos, contudo, é que reside o foco de meu interesse; por essa razão, as "Notas" às *Flores* nos servirão de guia neste itinerário que buscará apontar pontos destacáveis no trabalho do poeta.

Conceitos importantes ligados à tradução poética, posteriormente desenvolvidos por outros, entre nós, anunciam-se nos textos recriados, e são assinalados nas referidas "Notas". Um deles é o de que se pode, ao recriar um poema, afastar-se "um pouco da letra" (p. 103), ou seja, de que se busca uma outra espécie de fidelidade ("fidelidade à forma", conforme diria Haroldo de Campos, baseado nas proposições de Walter Benjamin), marcada por outros aspectos do texto além do dito "sentido", em ressonância com a postura de recriação estética, e não de mera versão de um "conteúdo". Não é difícil constatar que o enfoque do tradutor se dá nas relações entre som e sentido, ou na "hesitação" entre eles, em consonância com a famosa frase de Paul Valéry e a formulação de Jakobson; segundo o próprio Guilherme, "Do paralelismo da ideia com a expressão — brotadas a um mesmo tempo de um mesmo ritmo — deriva o mistério do verso puro" (introdução a *Poetas de França*). A procura de tal paralelismo liga-se a uma busca por precisão na escolha dos vocábulos e de sua posição na teia de relações com outros (mesmo na "reprodução" do imperfeito, em seu modo de ver a poesia de Baudelaire); essa busca associa-se à concisão e à densidade de efeitos percebidos pelos sentidos ("ícones" sonoros, visuais, musicais, rítmicos), flagrantemente notáveis em toda a produção poética almeidiana, para não ousar dizer em toda a sua obra, incluindo-se a extensa prosa que realizou.

Em suas observações, Guilherme anota as realizações de correspondência formal que permeiam o trabalho dedicado à escolha do resultado mais alto para o conjunto de elementos envolvidos. E explicita outro conceito hoje dito e redito como um recurso habitual do ato de recriar: o da "compensação". O tradutor pensa em compensar aspectos do texto que se tenham perdido na reconstrução, ou seja, procura criar um novo efeito quando não é possível reproduzir um outro, presente no original: "tal desvio [da letra] — penso eu — está talvez compensado por uma *trouvaille* no primeiro verso desse mesmo quarteto: 'céus imaginosos'. Esta expressão, *data venia*, parece-me talvez mais... mais baudelairiana do que a original: '*les images des cieux*'" (p. 103). Se neste caso a compensação se dá pelo uso de uma imagem mais substantiva, em muitos outros ela busca suprir a perda de relações sonoras entre as palavras do verso; em tal processo, ocorrem frequentes "sobrecompensações" (para lembrar a terminologia de

José Paulo Paes) — obtenção de resultados mais intensos, com maior concentração de efeitos feitos das relações entre sons, entre som e sentido, entre sons e (nossos) sentidos. Vejam-se, por exemplo, lado a lado, o poema "*Parfum exotique*" e sua recriação em português (pp. 42-3).

Ao ler-se o texto de Guilherme, é perceptível de imediato seu já abordado compromisso com a recriação estética do poema, que põe em segundo plano a suposta possibilidade de uma "tradução fiel" do "conteúdo"; considerando o nível semântico como um campo demarcatório dentro do qual é possível criar com a necessária flexibilidade, o poeta pôde compor, em português, um poema esteticamente análogo ao do autor francês, de acordo com seu esquema rítmico, métrico e rímico, conservando, ao mesmo tempo, o essencial de seu sentido (quebra-se, portanto, o padrão de uma "relação ancilar" com o original — para evocar, mais uma vez, o pensamento haroldiano-benjaminiano). Valendo-se, como igualmente já se apontou, da "lei de compensação" da tradução poética, Guilherme cria, por vezes, versos que se sobrepõem com vantagem, pela qualidade da solução, aos do poema original. Esse o caso, também, das seguintes linhas, que apresentam clara associação entre som e sentido, exibindo rítmica e semanticamente a malemolência, o sono:

> "Cintilando ao ardor de um sol morno de sono:
> Uma ilha preguiçosa e molenga e sem dono"

Diante de versos como estes — em que a cadeia de aliterações e assonâncias instala com perfeição a cadência mais apropriada à imagem — é inevitável reconhecer o alcance do tradutor (e compreender o generalizado reconhecimento que obteve com sua produção). Alcance que também se manifesta, especialmente, na tradução do último verso do primeiro terceto ("*Encor tout fatigués par la vague marine*"), à qual o próprio Guilherme (p. 106) atribui "um efeito talvez feliz":

"Ainda tontos talvez da vaga alta que ondula."

Observem-se, entre outros elementos do verso, a maestria na sucessão dos fonemas nasais, ondulante sequência perfeitamente correspondente ao nível semântico — reforçando-se assim o "ritmo modorrento de embalo de ondas e palmas" (p. 106), menos expressivo no verso de partida —, e a cadeia da vogal aberta "a", elevando a vaga em movimento...

Na opção por fidelizar a reconstituição de uma forma que inclui "todos os rigores das mais rigorosas normas", há espaço para que, mesmo no plano formal, não ocorra apenas subserviência a um padrão plenamente conquistado, mas, sim, para se instaurarem novidades sugeridas pelas possibilidades de escolha em outra língua. Uma procura de aperfeiçoamento que é a mesma do poeta para com sua própria obra, porque a tradução é também trabalho de criação, moldado pelas escolhas de quem o produz. Escolhe-se sempre, então, a possibilidade do ganho, propiciado pelo novo instrumento, pelas novas palavras:

"De um vago óleo de coco, almíscar e alcatrão"

para

"*De l'huile de coco, du musc et du goudron*".

Note-se, no verso em português, que "o artigo radical árabe ('al') acrescenta maior luxo e languidez à ideia e à música do verso" (p. 107)...

São muitos os detalhes reveladores da busca constante de aperfeiçoamento presente no labor do poeta; entre eles, por exemplo, está o uso da forma singular para o "motivo" (albatroz) nas duas primeiras estrofes do segundo poema do livro, "para sustentar o símbolo final com o Poeta (singular no texto)". São igualmente muitos os exemplos que explicitam o propósito de correspondência, nas traduções, a aspectos estéticos dos poemas, assim como de compensações a perdas; entre eles: a ação para "suprir deficiências", em "Hino à Beleza", decorrentes da dessimetria entre os poemas nas duas línguas quanto à presença de rimas femininas e masculinas, buscando "vozes análogas [...] às originais"; a reprodução impecável, para o "rigoroso" soneto "Remorso póstumo", de maneira a sustentar (por "espírito de acrobacia", próprio de parnasianos, mas extensível, sim, a todo *fabbro*, poeta fazedor, desde que tal atitude se agregue à investida criadora e não meramente artesanal) as rimas "graves e agudas, mantendo, na medida do possível, os sons correspondentes entre as duas línguas"; o meio encontrado para recriar o "deliberado desleixo" do segundo "*Spleen*": realizar um poema apenas com rima grave (ou seja, entre palavras paroxítonas), "a mais fácil em português", a fim de manter, com outro recurso mais eficiente em nossa língua, a ideia de "*spleen*, isto é, de indiferença e desânimo"; o resultado, no quarto "*Spleen*", da procura "penosa e longa" por um advérbio de seis sílabas, "formando, sozinho, todo um hemistíquio", para corresponder ao termo "*opiniâtrément*" (que, como observa Jakobson em "Uma microscopia do último '*Spleen*' em *Fleurs du mal*" — poema, para ele, revelador da magia evocatória de Baudelaire —, faz trocadilho com "*sans patrie*", do verso anterior): "recalcitrantemente", palavra que, além de corresponder à ideia de obstinação, ecoa fonemas de "pátria"...

A própria escolha do poeta quanto àquilo que deve ser ressaltado em suas "Notas", explicita, além de tudo o mais, sua opção fundamental pela valorização das relações entre som e sentido; na nota referente ao poema "A uma passante" (p. 123), para darmos mais um exemplo, o autor focaliza quase que exclusivamente a aliteração em "r" reconstruída no verso "A rua, em torno, era ensurdecedora vaia", que nada fica a dever ao original, talvez superando-o em sonoridade. É este, nitidamente, o caso da recriação do verso "*Rien n'égale en longueur les boiteuses journées*", do segundo "*Spleen*", para a qual o poeta diz ter descoberto uma "onomatopeia que, pela aliteração em 't', 'r' e 'p', dá bem ideia dos tropeções desses dias mancos: 'Nada é igual ao torpor desses trôpegos dias'"... Caso a ser referido, ainda, é o de se buscar, no poema "Recolhimento", uma alternativa para *années* (anos), devido à associação dessa palavra, feminina em francês, com uma ideia de "mulheres debruçadas das varandas do céu" — ele encontra "eras", que, ademais, insere-se magnificamente na sequência de palavras do verso, pleno de aliterações e assonâncias: "[...] Vem ver as velhas Eras debruçadas"...

Mencionemos, por fim, a obstinada procura de Guilherme pelas variantes nos poemas de Baudelaire, verificáveis nas diversas edições de *Les Fleurs du mal*; essa busca pode servir, até, para que se faça uma justificativa — ato talvez movido pela antevisão dos habituais (antes mais do que hoje, penso) questionamentos quanto à "fidelidade ao conteúdo" do original — apaziguadora para o fato de ter se afastado de tal "fidelidade" ("fugi à letra") em "As litanias de Satã": o poeta exulta por ter encontrado, na edição de 1857, uma imagem coincidente com a do verso "infiel", a da "moleza de mel".

Sem dúvida (valendo-me aqui de expressão usada por Carlos Vogt, em antologia de poemas de Guilherme) é "prova de surpreendente vitalidade" do poeta — e, claro, de sua percepção e compreensão profundas da própria poesia — o fato de seu pensamento e de sua obra tradutória estarem, em aspectos fundamentais, afinados com as concepções mais atuais e reconhecidas acerca de tradução poética, e de suas recriações sobreviverem dignamente a qualquer análise que privilegie a dimensão intratextual como referência de abordagem de uma obra de arte verbal.

Sobre Charles Baudelaire

Charles Pierre Baudelaire nasce em Paris a 9 de abril de 1821. Seu pai, Joseph-François Baudelaire, amante de pintura e ele mesmo pintor, morre seis anos depois, em 1827. Um ano mais tarde, sua mãe, Caroline Archimbaut-Dufays, casa-se em segundas núpcias com o militar Jacques Aupick, homem de caráter rígido com quem Baudelaire jamais se entenderá e que representará para ele um obstáculo em seu relacionamento com a mãe.

Na adolescência, embora inteligente, Baudelaire é um aluno medíocre, e ainda que saiba ser cortês e refinado, seu comportamento frequentemente choca os professores. Em 1837, aos 16 anos, tira o segundo lugar num concurso de verso latino. No ano seguinte, visitando as galerias do Castelo de Versalhes, é atraído por uma tela de Delacroix, pintor que passará a admirar enormemente. Em 1839, é expulso do liceu e passa com dificuldades no exame de conclusão dos estudos secundários (*Baccalauréat*). Matricula-se então na Escola de Direito, mas em vez de assistir às aulas prefere ler autores como Lamartine, Victor Hugo, Musset.

Incitado pela família, que se preocupava com seu estilo de vida, Baudelaire concorda em embarcar numa viagem a Calcutá. No meio do caminho, porém, desiste e toma um barco de volta para Bordeaux. Em 1842 conhece a atriz e bailarina haitiana Jeanne Duval, sua "vênus negra", com quem terá uma longa relação e a quem dedicará diversos poemas. No mesmo ano, atinge a maioridade e recebe a vultosa herança paterna de 75 mil francos. Passa então a levar uma vida boêmia e a esbanjar dinheiro; nessa época tem as primeiras experiências com o ópio e o haxixe. Em 1843, contrai sífilis, doença que o acompanhará por toda a vida. Acusado de perdulário pela família, Baudelaire é posto sob tutela e passa a receber apenas duzentos francos mensais. Para se sustentar, a partir de 1845 começa a escrever críticas de arte e de moda, logo se impondo como um mestre no gênero. Em maio desse ano, a primeira tentativa de suicídio, que se repetirá em junho. Nesta ocasião, escreve numa carta ao sr. Ancelle, administrador de seus bens: "Mato-me porque sou inútil aos outros e perigoso para mim mesmo. Mato-me porque me creio imortal...".

Em 1847, Baudelaire descobre Edgar Allan Poe, com quem se identifica profundamente e de cuja obra será o grande tradutor na França. Participa das barricadas de 1848 e chega a publicar um jornal democrático intitulado *L'Esprit Libre*, mas que não passará do segundo número. Em 1850, começa a sentir os primeiros sintomas da sífilis, e está também fortemente endividado.

Em 1856, rompe com Jeanne Duval para ficar com Marie Daubrun. Em 25 de junho de 1857, sai a primeira edição de *As flores do mal*, sua grande obra e marco da poesia moderna. Em agosto, o poeta enfrenta um processo judicial e o livro é condenado por ofensa à moral religiosa, ultraje à moral pública e atentado aos bons costumes. É condenado a uma multa de trezentos francos e tem seis poemas censurados.

Em setembro de 1858, lança a primeira parte de *Os paraísos artificiais*, publicado na íntegra em 1860, ano em que sofre a primeira crise nervosa decorrente da sífilis. Em fevereiro de 1861, vem à luz a segunda edição das *Flores do mal*, acrescida de 35 novos poemas; em maio, outra tentativa de suicídio. Em 1864, afundado em dívidas, consumido pela droga e pela doença, Baudelaire deixa Paris e vai viver em Bruxelas. Em dezembro, publica *Spleen de Paris* (os *Peque-*

nos poemas em prosa). A partir de 1866, sua saúde se deteriora cada vez mais, vindo a sofrer de paralisia e afasia. É transportado para uma clínica em Bruxelas e depois levado de volta a Paris, onde falece no dia 31 de agosto de 1867, nos braços de sua mãe.

Sobre Guilherme de Almeida

Guilherme de Andrade e Almeida nasce em Campinas, São Paulo, a 24 de julho de 1890. Filho do advogado e jurisconsulto Estêvão de Araújo Almeida e de Angelina de Andrade Almeida, passa os primeiros anos da infância nas cidades de Limeira, Araras e depois Rio Claro, onde realiza os estudos primários. Em 1903, com a vinda da família à cidade de São Paulo, ingressa no Colégio de São Bento. Forma-se, em 1912, na Faculdade de Direito do Largo de São Francisco; após a formatura, atua como promotor público em Apiaí e em Mogi-Mirim. De volta à capital em 1914, trabalha no escritório de advocacia do pai até 1923, quando passa a se dedicar prioritariamente à atividade de escritor, iniciada alguns anos antes.

A estreia literária de Guilherme de Almeida se dá no ano de 1916, com *Mon coeur balance* e *Leur âme*, duas peças escritas em colaboração com Oswald de Andrade, editadas sob o título de *Théatre brésilien*. Seu primeiro livro de poemas, *Nós*, vem a lume em 1917; seguem-se *A dança das horas* e *Messidor*, ambos de 1919, e o *Livro de Horas de Sóror Dolorosa*, publicado em 1920. Escreve, em 1921, o ensaio *Natalika* e os atos em verso *Scheherazada* e *Narciso: a flor que foi um homem*. Publica *Era uma vez...* em 1922. Nesse mesmo ano, atua decisivamente na realização da Semana de Arte Moderna, ao lado de Mário de Andrade, Oswald de Andrade, Di Cavalcanti e Menotti del Picchia, entre outros. Ajuda a fundar a revista *Klaxon*, integrando a equipe de editores;

cria a capa do periódico, além de anúncios publicitários dos patrocinadores, de concepção precursora da visualidade da arte de vanguarda e da própria propaganda moderna.

O poeta casa-se em 1923 com Belkiss Barroso do Amaral (Baby) e muda-se para o Rio de Janeiro, onde permanece até 1925. Nesse ano publica quatro livros de poemas: *Narciso*, *Encantamento*, *Raça* e *Meu*, consistindo, estes dois últimos (principalmente *Meu*), no ápice de sua poesia modernista. Escreve, também nesse ano, a conferência "Revelação do Brasil pela poesia moderna" e a apresenta no Rio Grande do Sul, em Pernambuco e no Ceará, a fim de difundir os ideais estéticos do Modernismo; regressa, em seguida, a São Paulo. Para o escritor Lêdo Ivo, "talvez mais do que nenhum outro dos participantes da Semana de Arte Moderna, Guilherme de Almeida viveu o drama da conciliação estética do novo com o velho, da fôrma com a forma, da tradição com a invenção, da rotina e do automatismo das receitas com o clamor de criatividade".

Em 1932, Guilherme participa ativamente da Revolução Constitucionalista, chegando a se alistar voluntariamente como soldado e a lutar na cidade de Cunha. Ao final desse movimento, é preso e exilado em Portugal, onde permanece até o ano seguinte. A estada naquele país fornece elementos para a elaboração do livro de prosa *O meu Portugal*, publicado em 1933.

Eleito em 1928 para a Academia Paulista de Letras e, em 1930, para a Academia Brasileira de Letras, Guilherme de Almeida foi, durante décadas, o mais popular poeta paulista. Sua obra compreende cerca de 75 publicações, entre poesia, prosa, ensaio e tradução, além do extenso trabalho jornalístico, ainda esparso; deste, destaque-se sua coluna "Cinematógrafos", pioneira da crítica cinematográfica em nosso país, mantida no jornal *O Estado de S. Paulo* entre as décadas de 1920 e 1940. Em 1959 é eleito "Príncipe dos Poetas Brasileiros" em concurso patrocinado pelo jornal *Correio da Manhã*, do Rio de Janeiro, concorrendo com os poetas Manuel Bandeira, Carlos Drummond de Andrade, Vinicius de Moraes e Mauro Mota.

Guilherme faleceu em 11 de julho de 1969, em sua casa da rua Macapá, no Pacaembu, em São Paulo — conhecida como a "Casa da Colina" —, onde residia desde 1946. Adquirida pelo Governo do estado na década de 1970, a residência do poeta tornou-se o museu biográfico e literário Casa Guilherme de Almeida, inaugurado em 1979, que abriga também, hoje, um Centro de Estudos de Tradução Literária.

Dotado de reconhecido domínio técnico, Guilherme de Almeida transitou com igual competência por modelos composicionais diversos. Entre os livros de sua autoria ainda não mencionados, destaquem-se *A frauta que eu perdi: canções gregas* (1924), *Você* (1931, com desenhos de Anita Malfatti), *Acaso* (1938), *O anjo de sal* (1951), *Camoniana* (1956) e *Rua* (1961). Como tradutor, Guilherme costuma ser lembrado pela excelência de suas realizações; cultivador da literatura francesa, traduziu poemas de, entre outros, François Villon, Paul Verlaine, Charles Baudelaire, Stéphane Mallarmé e Paul Valéry. Verteu ainda para o português diversas peças de teatro, como *Entre quatro paredes*, de Jean-Paul Sartre, e a tragédia *Antígone*, de Sófocles, traduzida diretamente do grego e considerada modelar.

Sobre as ilustrações

Projeto acalentado durante vários anos pelo grande artista francês Henri Matisse (1869-1954), as ilustrações para os poemas de *Les Fleurs du mal*, de Charles Baudelaire, foram realizadas no verão de 1944, em *crayon gras*, a fim de serem transferidas para a pedra de litografia. No entanto, após terem sido entregues por Matisse ao impressor, o forte calor que fazia na época acabou por inutilizar os desenhos. O artista tentou então refazer as ilustrações, mas não conseguiu mais atingir um resultado satisfatório. Felizmente, ele havia fotografado os originais, e estas reproduções puderam ser utilizadas para a confecção do livro, finalmente publicado em Paris por La Bibliothèque Française em 1947.

Matisse ilustrou 33 poemas de Baudelaire, além de ter cuidado da capa, das vinhetas e das capitulares daquela edição. O presente volume reúne nove destas imagens, além da capa concebida pelo artista, respeitando a correspondência com os poemas da edição original francesa:

Este livro foi composto em Sabon,
pela Bracher & Malta, com CTP da
New Print e impressão da Graphium
em papel Alta Alvura 90 g/m² da Cia.
Suzano de Papel e Celulose para a
Editora 34, em novembro de 2020.